Erlebnis Radeln

im Schönbuch

Am Goldersbach

Dieter Buck
Erlebnis Radeln
im Schönbuch
Erholsame Touren
durch den Naturpark
J. BERG

Verantwortlich: Miriam Gieler, Julia Vogl
Lektorat: Textwerkstatt Gabler, Esther Gabler, Steinenbronn
Layout: Mediaservice Rudi Stix
Umschlaggestaltung: Björn Locke, Nürtingen
Repro: LUDWIG:media
Kartografie: Kartengrundlage: Topographische Karte 1 : 100 000, © Landesamt für Geoinformation und Landentwicklung Baden-Württemberg (www.lgl-bw.de) 2/2017, Az.: 2851.2-D/9356, bearbeitet durch den Verlag.
Herstellung: Bettina Schippel
Printed in Slovenia by Floriancic

Sind Sie mit diesem Titel zufrieden? Dann würden wir uns über ihre Weiterempfehlung freuen. Erzählen Sie es im Freundeskreis, berichten Sie Ihrem Buchhändler, oder bewerten Sie bei Onlinekauf. Und wenn Sie Kritik, Korrekturen, Aktualisierungen haben, freuen wir uns über Ihre Nachricht an J. Berg Verlag, Postfach 40 02 09, D-80702 München oder per E-Mail an lektorat@verlagshaus.de

Unser komplettes Programm finden Sie unter 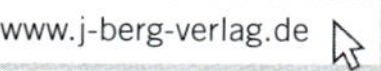

In diesem Buch wird aus Gründen der besseren Lesbarkeit das generische Maskulinum verwendet. Weibliche und anderweitige Geschlechteridentitäten werden dabei ausdrücklich mitgemeint, soweit es für die Aussage erforderlich ist.

Empfehlung der Redaktion
Sie sind auf der Suche nach weiterführender Literatur? Dann empfehlen wir Ihnen den Titel »Die Radel-Bucket-List Baden-Württemberg« von Dieter Buck. Oder Sie werfen einen Blick in die Zeitschrift »Schöner Südwesten«. Hier werden Sie bestimmt fündig.

Bildnachweis: siehe Seite 158

Die Deutsche Nationalbibliothek verzeichnet diese Publikation in der Deutschen Nationalbibliografie; detaillierte bibliografische Daten sind im Internet über http://dnb.d-nb.de abrufbar.

Die Originalausgabe erschien 2017 im Silberburg-Verlag mit der ISBN 978-3-8425-2020-2

ISBN: 978-3-86246-833-1

Inhalt

Vorwort

Liebe Leserinnen, liebe Leser,

Erlebnisradtouren – was ist das? Es sind, so viel ist klar, sicherlich keine »Kilometerfressertouren«. Es sind auch keine Touren, in denen es heftig und womöglich auf schlechten Wegen bergauf geht und wo der konditionsstarke Sportradler seine gesamte Kraft und Ausdauer unter Beweis stellen kann.

Mit Erlebnisradtouren sind kürzere, gemütliche Radtouren gemeint. Sie weisen nur geringe Höhenunterschiede auf. Vor allem aber kann man unterwegs oder am Ende der Tour Sehenswürdigkeiten bewundern – sei es nun im Schönbuch mit seinen markanten Bäumen, Seen und Gedenksteinen, sei es ein bemerkenswerter Ort mit schönen, alten Gebäuden oder seien es interessante Kultureinrichtungen wie besondere Museen. Auch an Einkehrmöglichkeiten unterwegs oder am Schluss der Tour ist gedacht. Man »erlebt« also etwas! Zudem gibt es am Ende jeder Tourenbeschreibung Hinweise mit »Tipps für unterwegs« zu kulinarischen Besonderheiten und regionalen Produktangeboten mit Einkaufsmöglichkeiten oder Informationen für weitere Unternehmungen.

Dadurch, dass die Touren kürzer sind und keine großen Höhenunterschiede aufweisen, sind sie auch bestens für Familien mit Kindern, für Besitzer von Radanhängern oder für Senioren geeignet – drei Gruppen von Radlern, die mit Vorschlägen für große, ausgedehnte Touren nicht so viel anfangen können. Besonders bequem sind die beschriebenen Touren natürlich mit dem Pedelec zu bewältigen, das oft – nicht ganz korrekt – mit dem stärkeren und nicht überall erlaubten E-Bike gleichgesetzt wird. Für Besitzer eines Pedelecs sind auch die wichtigsten Akku-Ladestationen aufgezählt. Diese Angaben erheben natürlich keinen Anspruch auf Vollständigkeit. Unter der Internetadresse www.e-bike-region-stuttgart.de/de/ können Sie Ladestationen ermitteln und erhalten viele nützliche Informationen.

Blick zur Wurmlinger Kapelle.

Auch wenn die Fahrzeiten der Touren nur wenige Stunden betragen, mit An- und Abfahrt, mit Besichtigungen, Pausen und Einkehr wird doch schnell eine tagfüllende Unternehmung daraus, von der man noch lange zehren kann.

Zu den beschriebenen Erlebnisradtouren sind viele Ausgangs- und Endpunkte mit öffentlichen Verkehrsmitteln zu erreichen. So ist der Schönbuch durch die S-Bahn Linie 1 erreichbar, die über Böblingen nach Herrenberg fährt, oder mit der Schönbuchbahn, die von Böblingen nach Dettenhausen unterwegs ist, und im Süden mit der Ammertalbahn, die Herrenberg mit Tübingen verbindet. Viele der beschriebenen Routen verlaufen als Rundtour. Andere Radausflüge führen auch von Haltestelle zu Haltestelle, sodass man die Vorteile des öffentlichen Nahverkehrs voll auskosten kann. Man muss also nicht unbedingt im Besitz eines Radträgers für das Auto sein – obwohl dies natürlich ganz andere und auch neue Möglichkeiten erschließt.

Eines der Kapitel beschreibt die Fahrten durch die großen und bekannten Täler des Schönbuchs. Hierzu gehören auch die einfachsten Touren, die auch den geringsten Höhenunterschied mit sich bringen. Dass man auf demselben Weg zurückfährt, ist weniger eintönig, als man zunächst denken mag – man sieht die Landschaft dann noch einmal aus einer ganz anderen Perspektive. Zudem sind diese Touren auch für Familien geeignet, denn man kann jederzeit wieder umkehren.

Die weiteren Touren sind mit den Kapiteln nördlicher und östlicher Schönbuch sowie südwestlicher Schönbuch mit Ammertal geografisch geordnet.

Die Touren durch das Ammertal weisen nur geringe Höhenunterschiede auf. Der Vorteil bei ihnen ist außerdem, dass man die Teilstrecken zwischen Herrenberg und Tübingen beliebig aufteilen und die beschriebenen Touren nach Lust und Laune kombinieren oder zusammenlegen kann. Mit der Ammertalbahn gelangt man problemlos wieder zum jeweiligen Ausgangspunkt zurück.

Ich wünsche Ihnen viele erholsame Radtouren mit zahlreichen interessanten Begegnungen, allzeit angenehmes Radwanderwetter und nie einen Plattfuß!

Dieter Buck

Einleitung
Unterwegs auf Tour

Vorbereitung

Statt sich erst am Ausgangsort mit der geplanten Radtour zu befassen, sollte man den ausgewählten Vorschlag bereits zu Hause in Ruhe durchlesen. Dann ist noch Zeit, die empfohlene Karte zu besorgen, sich nach den Fahrzeiten der Bahn zu erkundigen und sich mit der Streckenführung vertraut zu machen. Außerdem kann man sich dann vorweg in die im Buch genannten Sehenswürdigkeiten etwas einlesen.

Fahrzeiten

Mit der Beschreibung der Fahrzeiten ist es so eine Sache: Der eine fährt schnell, der andere recht gemütlich durch die Lande. So wurde für die Fahrzeiten dieser Erlebnisradtouren, bei denen man eher etwas langsamer unterwegs ist, eine Durchschnittsgeschwindigkeit von rund 10 km/h angenommen; bei Anstiegen wurden zeitliche Zuschläge gemacht. Sie, liebe Leserin, lieber Leser, werden bei der ersten Tour merken, ob Sie die angegebene Zeit über- oder unterschreiten. Danach können Sie die restlichen Ausflüge kalkulieren.

Karten

Es gibt Radkarten im Maßstab 1 : 75 000 oder 1 : 100 000. Besonders empfehlenswert sind die Freizeit- und Wanderkarten des Landesamts für Geoinformation und Landentwicklung Baden-Württemberg (LGL) im Maßstab 1 : 50 000, besser noch 1 : 35 000. Ist man bei Verzweigungen im Zweifel, so helfen diese detailgenauen Karten am besten, den richtigen Weg zu finden.

Einige Tipps für gelungene Radausflüge

Praktisch ist eine Lenkradtasche, am besten mit einem Kartenfach. Eine Alternative, um die Karte immer im Auge zu haben, ist ein Kartenständer für den Lenker. Auch wasserdichte Packtaschen am Gepäckträger – für den Anorak bei unsicherem Wetter oder für die Badesachen – sind nützlich. Ein Rucksack ist nicht schlecht, wenn er nicht zu schwer ist. Zusätzlicher Vorteil: Er schützt den Rücken- und Nierenbereich, wenn man ins Schwitzen gekommen ist und eine zugige Abfahrt bevorsteht.

Sehr zu empfehlen ist ein Helm, auch wenn er keine Pflicht ist. Ein großer Teil der Verletzungen bei Radunfällen oder Stürzen betrifft den Kopf. Dabeihaben sollte man eine Luftpumpe und ein kleines Reparaturset. Es ist zu empfehlen, das Reifenflicken oder das Auflegen einer abgesprungenen Kette vorher einmal »trocken« zu üben. Ein Radausflug macht mehr Spaß, wenn auch die Kleidung stimmt. Empfehlenswert ist eine Radlerhose mit Ledereinsatz. Man kann damit einige Probleme mit der »Sitzfläche« vermeiden. Wichtig ist auch eine spezielle Oberbekleidung, die den Schweiß aufnimmt und am besten auch ableitet. Für Regentage gibt es fahrradgeeignete Umhänge oder wasserdichte Kleidung (Hose und Anorak) oder Überbekleidung. Was man vorzieht, ist Geschmackssache. Auch eine kleine Apotheke kann nützlich sein.

Fahrt durch die Felder bei Altingen.

Legende

- Etwas zum Schmausen
- Etwas zum Anschauen/Staunen/Mitmachen
- Einkaufsmöglichkeit
- Badespaß

Pflaster und Desinfektionsmittel sollten Sie auf jeden Fall mitnehmen. Empfehlenswert sind auch Gaze (Gittertüll), Verbandmull, Wundsalbe, Elastikbinde und Schere. Sonnencreme ist wichtig – durch den Fahrtwind spürt man selbst an heißen Tagen die Sonne nicht. Ein kleines Halstuch schützt den Nackenbereich.
Proviant und vor allem Getränke sollte man natürlich immer dabeihaben.

Zum Rad

Kauft man sich ein Rad, sollte der Felgendurchmesser eher groß sein, denn dann legt man pro Umdrehung mehr Strecke zurück. Die Sattelhöhe stimmt, wenn bei durchgestrecktem Bein die Ferse auf dem Pedal aufliegt, sonst ermüdet man frühzeitig. Praktisch sind Lenker, die es ermöglichen, während der Fahrt die Halteposition zu wechseln.

Fahren und Verhalten

Auch Radfahrer haben sich an die Verkehrsregeln zu halten. Missachtung kann bei Führerscheinbesitzern zu Konsequenzen führen. Das gilt auch für die technische Ausstattung des Rads wie etwa Bremsen, Licht und Klingel. Ebenso sollte die Gangschaltung richtig funktionieren.
Vorhandene Radwege müssen genutzt werden, mehrere Fahrer müssen einzeln hintereinanderfahren. Erst ab 15 Personen gilt man als Verband und darf zu zweit nebeneinander fahren. Nur Personen ab 16 Jahren dürfen Kinder bis zu sieben Jahren auf dem Rad mitnehmen. Kinder bis zu acht Jahren müssen auf dem Gehweg fahren. In Baden-Württemberg darf nur auf befestigten und mindestens zwei Metern breiten Wegen geradelt werden.
Man sollte vorsichtig und immer bremsbereit fahren und auf plötzlich auftauchende Hindernisse – besonders im Wald – gefasst sein. Vor allem bei Abfahrten sollte die Gefahr durch Splitt nicht unterschätzt werden.
Einige der vorgeschlagenen Strecken verlaufen auf Wegen, die von Spaziergängern oder Wanderern stark frequentiert werden. Hier muss man besonders auf Kinder gut achtgeben! Man sollte stets mit angepasster Geschwindigkeit an die Fußgänger heranfahren und rechtzeitig auf sich aufmerksam machen. Fußgänger haben Vorrecht.

Öffentliche Verkehrsmittel

Es wurde Wert darauf gelegt, dass viele Ausgangspunkte mit öffentlichen Verkehrsmitteln erreichbar sind. Diese Touren beginnen und enden an Bahnstationen, andere führen als Streckentour auch von Haltestelle zu Haltestelle.

Für Radfahrer sind die vom Verkehrsverbund Stuttgart (VVS) angebotenen Tagestickets praktisch. Sie gelten in der S-Bahn und der Schönbuchbahn. Ab Entwertung bzw. Kauf am Automaten gelten diese VVS-Tages-Tickets am gewählten Geltungstag den ganzen Tag bis Betriebsschluss. Man kann sie für eine Person, als Einzel-Tages-Ticket oder als Gruppen-Tages-Ticket für bis zu fünf Personen, unabhängig vom Alter, aber auch für eine Familie (mindestens ein Elternteil mit beliebiger Anzahl eigener Kinder bis 17 Jahre) kaufen. Kinder unter sechs Jahren fahren generell kostenlos mit. Die Fahrräder können in allen Zügen des Nahverkehrs (DB und WEG) und der S-Bahn oft kostenlos mitgenommen werden. Dabei ist Folgendes zu beachten: In der S-Bahn und den Nahverkehrszügen muss von Montag bis Freitag von 6 bis 8.30 Uhr für die Mitnahme eines Fahrrads ein Kinderticket gelöst werden. Bei einem Gruppen-Tages-Ticket zählt das Rad wie eine Person. Außerhalb dieser Zeiten, also auch an Wochenenden, ist die Mitnahme eines Fahrrads kostenlos. Eine Ausnahme gilt für Klappräder: Sie gelten als Sache und können in zusammengeklapptem Zustand ohne zeitliche Einschränkung kostenlos mitgenommen werden.
Bei der Schönbuchbahn ist zu beachten, dass der Platz für die Mitnahme von Fahrrädern beschränkt ist. Auch eine Beförderungspflicht besteht nicht. Vor allem Gruppen können hier in Schwierigkeiten geraten, wenn nicht alle in derselben Bahn mitfahren können.
Detailinformationen hierzu sowie weitere aktuelle Informationen zur Fahrradmitnahme im VVS finden Sie im Internet auf der VVS-Website unter »www.vvs.de/tickets/mitnahme-von-fahrrädern«.
Die Ammertalbahn gehört zum Verkehrsverbund Neckar-Alb-Donau (naldo), für sie sind extra Tickets zu lösen. Auskunft gibt es im Internet unter »www.naldo.de«. Dort sollte man sich genau nach den Mitnahmemöglichkeiten für Fahrräder erkundigen, weil dies nicht so klar wie beim VVS geregelt ist.

Fahrplanauskunft

- **VVS (S-Bahn/Schönbuchbahn):** Telefon 0711 19449
- **Ammertalbahn (naldo):** Telefon 07471 93019696
- **Deutsche Bahn Kundendialog DB Regio:** Telefon 0711 20927087
- **Reiseservice Deutsche Bahn:** Telefon 0180 6996633 (24-Stunden-Service, kostenpflichtig)
- **Hilfreiche Internetadressen:**
  www.vvs.de
  www.efa-bw.de
  www.bwegt.de
  www.naldo.de

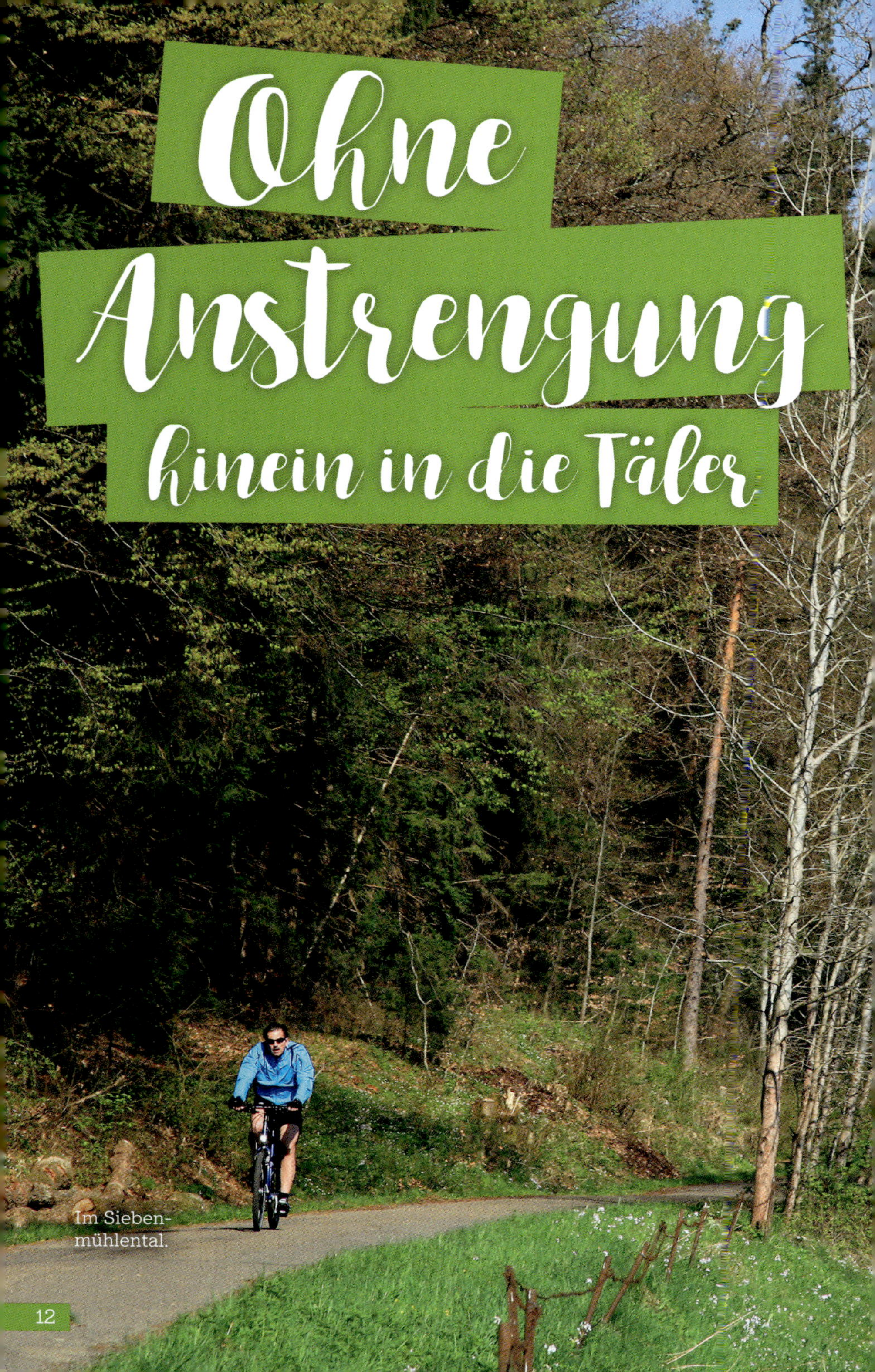

Ohne Anstrengung hinein in die Täler

Im Siebenmühlental.

Durch das Siebenmühlental

Oberaichen – Musberg – Siebenmühlental – Burkhardtsmühle – evtl. Waldenbuch – Oberaichen

Ausgangspunkt: Leinfelden-Echterdingen-Oberaichen (S-Bahn-Station, Rohrer Straße 87), GPS-Koordinaten: 48.705227, 9.127309

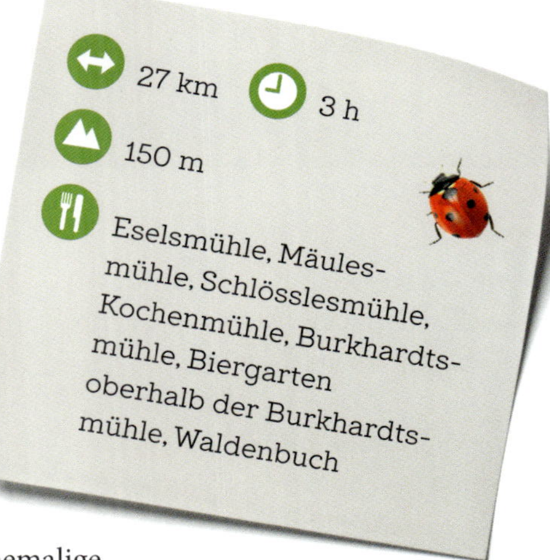

Schwierigkeitsgrad: Mittel

Kurzinfo: Das Siebenmühlental am Nordrand des Schönbuchs zählt sicherlich zu den bekanntesten Tälern im Schönbuchbereich. Hier ist auch immer etwas los – ob Wanderer, Inlineskater oder Radfahrer – die ehemalige Bahnstrecke ist stets belebt. Wir fahren denselben Weg hin und zurück. Im ersten Teil der Tour geht es meist sanft bergab, auf dem Rückweg entsprechend leicht bergauf. Eine kurze, aber sehr empfehlenswerte Erweiterung führt in das Fachwerkstädtchen Waldenbuch.

Empfohlene Karte: Freizeitkarte F520 Stuttgart (LGL).

Sonstiges: Nur zur Burkhardtsmühle und zurück 20 km bzw. 2,5 h. Die Tour verläuft auf asphaltierten Wegen. Zum Aufladen der Akkus von Elektrofahrrädern gibt es eine Ladestation im Bio-Restaurant Mäulesmühle, eine am Museum Ritter, eine direkt in der Altstadt Waldenbuch am Alten Rathaus, Marktplatz 1, und eine weitere beim Landgasthof Rössle in Waldenbuch.

Öffentliche Verkehrsmittel: S-Bahn.

Eines der schönsten und beliebtesten Täler am Rande des Schönbuchs ist das sogenannte Siebenmühlental.

Über das **Siebenmühlental** 1, eigentlich Reichenbachtal, stand 1851 in der Beschreibung des Oberamts Stuttgart geschrieben: »Es ist ein tief eingeschnittenes, wasserreiches Wiesenthal, dessen steile, durch Seitenthälchen und Schluchten getheilte Gehänge meist mit dunklen Laubwaldungen bestockt sind. Eine ernste Stille weht durch das ganze Thal, die nur durch die Geschäftigkeit des Reichenbaches, der dem Thal entlang manches Mühlrad in Bewegung setzt und durch die reinlich getünchten Mühlen, die freundlich an demselben liegen, einigermaßen unterbrochen wird.« Entgegen dem Namen des Tals gab und gibt es hier wesentlich mehr Mühlen. Insgesamt waren es im Laufe der Jahrhunderte elf bis 13 Standorte, niemals waren jedoch alle Mühlen gleichzeitig in Betrieb. Doch das Urbar (ein Verzeichnis über Besitzrechte) von 1383 spricht von sieben Mühlen – allerdings mit anderen Mühlennamen als die heute bestehenden. Auch nach einem Eintrag im Lagerbuch der Kastkellerei Stuttgart von 1572 gab es zu jener Zeit »7 Mulinen im Reichenbachtal«, nämlich die Obere, die Esels-, Mäules-, Schlechts-, Schlößles- und die Kochenmühle sowie die unterhalb davon gelegene Neumühle, die aber im Dreißigjährigen Krieg abgegangen ist. In den 1920er-Jahren, als das große Mühlensterben begann, waren es noch elf Mühlen.

Links: Wogende Felder nach Oberaichen.

Unten: An der Mäulesmühle.

Wir fahren von der *S-Bahn-Station Oberaichen* zur südwestlich verlaufenden Rohrer Straße, rollen entlang der Häuser nach links und biegen kurz darauf rechts ab in die Hans-Holbein-Straße. Ihr folgen wir hinaus in die Felder.

Vor den ersten Häusern von *Musberg* halten wir uns links; nach der Gärtnerei, vor dem Wald, biegen wir rechts ab. Das Gewerbeanwesen umfahren wir links und kommen zur Landstraße mit der *Bushaltestelle Musberg Wanderweg*. Nun folgen wir dem Bundeswanderweg auf der ehemaligen Bahnstrecke.

Interessant ist die **Eisenbahngeschichte** 2 des Siebenmühlentales. Das »Waldenbucher Bähnle« (Schönbuchbahn) wurde am 22. Juni 1928 eingeweiht. Es fuhr nur 27 Jahre, wurde also bereits 1955 wieder stillgelegt und die Gleise 1957 entfernt. In der Zeit des Bahnbetriebs brachte es Pendler zur Arbeit in den Stuttgarter Raum und am Wochenende Ausflügler in das idyllische Tal. Dem Bau der Bahn ging eine längere Geschichte voraus. Bereits 1906 hatte sich die Stadt Waldenbuch vergeblich um einen Bahnanschluss bemüht, der von Stuttgart-Vaihingen nach Tübingen führen sollte. Als 1910 die Linie Böblingen–Dettenhausen eingeweiht wurde, war geplant, im Jahre 1913 auch für Waldenbuch einen Bahnanschluss über Schönaich nach Böblingen zu bauen. Dies kam aber wegen des Ausbruchs des Ersten Weltkrieges nicht mehr zustande. Der ehemalige Gleis-

Im Siebenmühlental.

körper wurde dank der Initiative des Schwäbischen Albvereins zum Bundeswanderweg ausgebaut.

Unterhalb der nächsten Brücke liegen rechts die *Eselsmühle*, links die *Mäulesmühle*. Danach folgt auf der linken Seite die *Seebruckenmühle*.

Im Jahre 1451 ist die **Eselsmühle** 3 als »Milin am Eychberg« belegt, 1524 war nur noch von einer Hofstatt die Rede. Danach wurde sie als »wüste Mühle« bezeichnet. Der Name Eselsmühle kam zum ersten Mal 1582 auf. Ab 1680 hieß sie eine Zeit lang Krausenmühle (so in der Kieserschen Forstkarte) nach dem Besitzer, dem Rentkammerrat und späteren Kammerprokurator Wilhelm Kraus. Von 1795 bis 1937 war sie im Besitz der Familie Lorenz, deren Söhne alle Karl hießen; deshalb wurde sie in dieser Zeit Karlesmühle genannt. Der vierte Karl (1839–1912) riss das alte Anwesen ab und baute neu. Von ihm ging sie an den aus Reutlingen stammenden Rudolf Gmelin über. Angeschlossen sind ein Kaufladen (u. a. Holzofenbrote in Demeter-Qualität), eine Mühlenstube mit Gartenwirtschaft und eine kleine geologische Ausstellung über Rudolf Gmelins Steinsammlung. In der Wasserkammer befinden sich ein zu besichtigendes Wasserrad und der Wasserkasten. Hinter der Mühle liegt der ehemalige

Skihang »Piz Mus«, der sogar einmal eine Sprungschanze und einen Skilift besaß. Die **Mäulesmühle** ❹ wurde 1383 erstmals erwähnt. Im ältesten Urbar von Württemberg ist unter der Rubrik »Cenus in Mosberg« von einem gewissen »Rudger Müller« die Rede, womit die heutige Mäulesmühle gemeint war. Der Name kommt von der Familie Mayhle, die 1694 bis 1764 die Metzgermühle, wie sie damals hieß, bewohnte. Sie hatte auch noch andere Namen, wie Stierlinsmühle oder Joachimsmühle nach dem Besitzer Joachim Stäbler. Metzgermühle wurde sie von 1645 bis 1665 genannt, da sie in dieser Zeit im Besitz des Echterdinger Metzgers Michel Walter war. Nach 1771 bis in die zweite Hälfte des 19. Jahrhunderts wurde sie Jörglesmühle genannt, da die Besitzer alle mit Vornamen Georg hießen – aber verschiedene Nachnamen hatten. 1961 kam sie in den Besitz der Gemeinde Leinfelden (heute Stadt Leinfelden-Echterdingen). Bekannt ist sie heute als Heimat des schwäbischen Volkstheaters mit »Hannes und dem Bürgermeister« in der angeschlossenen Theaterscheune (»Komedescheuer«). Der heutige Mühlenbau stammt aus dem Jahr 1819. Nach Umbauten ist sie wohl die am besten erhaltene Mühle der Umgebung. Heute gibt es dort ein Bio-Restaurant. Die **Seebruckenmühle** ❺ wurde 1851 in der Oberamtsbeschreibung mit den Worten »Sie hat ein stattliches, reiches Aussehen und eine still romanti-

Schlößlesmühle.

Dann radeln wir an der ehemaligen *Bahnstation Steinenbronn* und der *Schlechtsmühle* vorbei. Schließlich quert ein Sträßchen, das zu der links unten liegenden *Schlösslesmühle* führt.

sche Lage« beschrieben. Erste urkundliche Erwähnung einer Mühle 1451. Erbaut wurde sie 1709 wie die Walzenmühle von einem der Brüder Wolff, nämlich Conrad Wolff, aus einem Geschlecht sehr tüchtiger Müller aus Steinenbronn, und zwar als Loh- und Walkmühle. Vor 1556 gab es hier zwei Seen, ober- und unterhalb der Mühle, die durch eine steinerne Brücke verbunden waren und den Herzögen von Württemberg gehörten – daher der Name »Seebruckenmühle«. Der Mühlbetrieb ist seit 1926 stillgelegt. Hier lebte bis zu seinem Tod im Jahr 2014 der Kunstmaler Hans Hahn-Seebruck.

Die **Schlechtsmühle** 6 wurde bereits 1451 erwähnt und ist eine der ältesten Mühlen des Tals. Benannt ist sie nach Johann Schlecht, der sie 1770 übernahm. Früher gab es oberhalb der Mühle einen See. Die Bezeichnung Herbothsmühle findet sich 1683 in der Kieserschen Forstlagerkarte. Zeitweise wurde die Schlechtsmühle von zwei Müllern betrieben, die sich wöchentlich beim Mahlen ablösten. Auf dem heutigen Mühlenanwesen werden Bioland-Rinder gezüchtet. Die **Schlösslesmühle** 7 liegt an der traditionsreichen Schweizerstraße / Alte Poststraße, auf der wahrscheinlich auch Goethe auf seiner Reise in die Schweiz gefahren ist. Die Mühle wurde 1451 erstmals erwähnt. Die Bezeichnung Schlösslesmühle kam ab 1747 auf, wohl wegen der stufenförmig gegliederten Giebelform des Staffelgiebels. Genannt wurde sie früher auch Doktorsmühle (so in der Gadnerkarte »Stuttgarter Vorst«

von 1589), da die Besitzer zeitweise adlige und höhergestellte Persönlichkeiten waren. Ein anderer Name war Kielmanns(sche) Mühle nach dem herzoglichen Oberrat, später Geheimrat von Stuttgart, Johann Kielmann von Kielmannseck (1568–1633), der den heutigen Bau errichten ließ. Er kaufte um 1600 das Anwesen und ließ eine hohe Mauer darum bauen. Es wurde schon damals als eine stattliche Behausung mit vielen Stallungen beschrieben und auf einige Tausend Gulden Wert geschätzt. In einer Eingabe der Gemeinde Leinfelden an den Landesherrn 1648 wurde es als »ein bei guten Zeiten auf viel Tausend Gulden gewürdigtes Gut und gleichsam Schlößlin« beschrieben. Nachdem die Mühle im Dreißigjährigen Krieg geplündert wurde, stand sie lange Zeit leer und die Äcker verwilderten. 1688 wurde die Mühle von Georg Friedrich Schertel von Burtenbach aus der Maurener Linie dieses Geschlechts gekauft. Heute befindet sich in der Schlösslesmühle ein Restaurant mit Gartenwirtschaft.

Die **Walzenmühle** 8 gehört zu den jüngsten Mühlen und war 1759 bis 1842 im Besitz der Familie Walz. Sie wurde wie die Seebruckenmühle 1707/1708 von einem der Brüder Wolff aus Steinenbronn erbaut: Elias Wolff (1678–1759), Sohn des Steinenbronner Rauhmüllers, ein sehr geschäftstüchtiger Müller, vorher Müller in der Kochen-, dann in der Schlösslesmühle. Ab 1745 war er auch Mühleninspektor und Obermeister. Ursprünglich wurde die Mühle auch nach dem Besitzer Wolfen- oder Eliasmühle genannt. Die Müllerei wurde bereits in den 1930er-Jahren eingestellt. Die Walzenmühle beherbergt heute einen Pferdehof. Die **Kochenmühle** 9 wurde bereits 1451 genannt als Besitz der Brüder Irrer. In der zweiten Hälfte des 17. Jahrhunderts hieß sie Janowitzer Mühle nach dem Besitzer Ludwig von Janowitz, Obervogt in Brackenheim, Anfang des 18. Jahrhunderts auch Thummsche Mühle nach den Besitzern Thumm (oder Thumb) von Neuburg. Das jetzige Gebäude stammt aus dem Jahr 1702. In der Kochenmühle gibt es ein kleines Restaurant (Mühlenstube) und einen Biergarten. Die auf Markung Plattenhardt liegende **Obere Klein-Micheles-Mühle** 10 war bis

Später liegen links unten die *Walzen-* und die *Kochenmühle*. Danach folgen die *Obere* und die *Untere Klein-Micheles-Mühle*.

Siebenmühlental: Radeln ohne große Höhenunterschiede.

vor einigen Jahren noch in Betrieb. Ein Schlussstein mit dem Erbauungsjahr 1709 des heutigen Gebäudes befindet sich über einer Türe. Erbaut wurde die Mühle von den Besitzern der Unteren Klein-Micheles-Mühle, den drei Brüdern Hans, Balthasar und »Klein« Michel Weinmann im Zuge einer Erbteilung. Die Geschichte der 1417 erstmals erwähnten **Unteren Klein-Micheles-Mühle** 11 lässt sich bis ins 15. Jahrhundert zurückverfolgen. Heute ist sie eine Sägemühle, nachdem sie 1907 vom Besitzer der Burkhardtsmühle, Rudolf Waidelich, erworben wurde.

Nach einiger Zeit kommen wir zur *Burkhardtsmühle*. Hier befindet sich direkt am Radweg ein Biergarten. Links unten sieht man die Burkhardtsmühle.

Die **Burkhardtsmühle** 12 ist die letzte und jüngste Mühle im Reichenbachtal, dieses mündet nun ins Aichtal. Die Mühle liegt auf Waldenbucher Markung und ist nach dem Sägemüller Friedrich Burkhardt benannt, der das Anwesen 1825 erbaute. Heute ist hier ein griechisches Restaurant.

Eine interessante Erweiterung der Radtour ist es, wenn man nach der Burkhardtsmühle auf dem Radweg bleibt, die L 1185 überquert und rechts nach *Waldenbuch* (s. Tour 2) fährt. Die historische Stadt lohnt einen Besuch, man kann dort auch gut einkehren oder die interessanten Museen besuchen.

Tipps für unterwegs

Mühlenstube, Kaufladen, Café und Gartenlokal in der Eselsmühle, Musberg:
www.eselsmuehle.com

Bio-Restaurant in der Mäulesmühle, Leinfelden-Echterdingen, mit Mühlenmuseum:
www.bio-restaurant-maeulesmuehle.de

Restaurant und Gartenwirtschaft in der Schlösslesmühle:
www.schloesslesmuehle.de

Mühlenstube und Biergarten in der Kochenmühle:
Tel. 07157 4764. Öffnungszeiten: Do + Fr: ab 15 Uhr, Sa, So und Feiertage: ab 10 Uhr

Biergarten Waldmeister direkt am Bundeswanderweg oberhalb der Burkhardtsmühle:
www.waldmeister-biergarten.de

Burkhardtsmühle:
Tel. 07157 880364. Öffnungszeiten: Mo.–Sa. 11–14.30 Uhr und 17–23 Uhr, Sonn- und Feiertage von 11–23 Uhr

Museum Ritter in Waldenbuch, mit Museums-Café, Ritter-Sport-Besucher-Zentrum (mit Schoko-Ausstellung und Schoko-Shop):
www.museum-ritter.de
www.ritter-sport.de

Museum für Alltagskultur in Waldenbuch:
www.museum-der-alltagskultur.de

Einkaufsmöglichkeiten in den Waldenbucher Mühlen (Seitenbacher Mühle; Stadtmühle):
www.waldenbuch.de

Mineraltherme in Böblingen
(S-Bahn-Station Goldberg):
www.mineraltherme-boeblingen.de

An der Aich.

Durch das Aichtal

Waldenbuch – Burkhardtsmühle – Neuenhaus – Waldenbuch

Ausgangspunkt:
Waldenbuch (Tübinger Straße 3), GPS-Koordinaten: 48.637067, 9.128758

Schwierigkeitsgrad: Leicht

Kurzinfo: Eine der einfachen Radtouren, die durch ein Tal und wieder zurück führen, verläuft im Aichtal. Man startet in Waldenbuch, kommt an der Einmündung des Siebenmühlentales an der Burkhardtsmühle vorbei und radelt bis Neuenhaus. Von dort geht es auf demselben Weg wieder zurück.

Empfohlene Karte: Freizeitkarte F520 Stuttgart (LGL).

Sonstiges: Wir fahren auf festen Wegen. Zum Aufladen der Akkus von Elektrofahrrädern gibt es eine Ladestation am Museum Ritter, eine direkt in der Altstadt Waldenbuch am Alten Rathaus, Marktplatz 1, und eine weitere beim Landgasthof Rössle in Waldenbuch.

Überweg zur Burkhardtsmühle.

Wir parken auf dem großen Parkplatz nach dem Kreisverkehr Tübinger Straße oder auf einem der anderen ausgewiesenen Parkplätze in Waldenbuch. Vom Parkplatz vor der Stadt fahren wir erst in Richtung des Zentrums, wo auf einem Hügel die Altstadt und das Schloss liegen. Eine Besichtigung, eine Einkehr oder vielleicht einen Museumsbesuch heben wir uns am besten für später auf.

Sehenswert in **Waldenbuch** 1 ist das 1562/65 von Herzog Christoph im Renaissancestil erbaute *Jagdschloss*, welches von der Stuttgarter Residenz aus leicht erreichbar und somit ein häufiger Treffpunkt fröhlicher Jagdgesellschaften war. Da das Schloss den jagdlustigen Stuttgarter Herrschern zu klein wurde, baute man es mehrmals aus: 1607 unter Herzog Friedrich I. musste deshalb sogar das Kirchen-

Marktplatz von Waldenbuch.

schiff der danebenstehenden Kirche versetzt werden! Heute beherbergt das Schloss das Museum der Alltagskultur. Weiter sehenswert sind die ev. *Stadtkirche St. Veit* (1275 erstmals genannt), das ehemalige *Pfarrhaus* (um 1720), jetzt Musikschule, daneben die ehemalige Schlossscheuer und zahlreiche weitere Fachwerkhäuser, überwiegend aus dem 17. und 18. Jahrhundert. Berühmte Gäste sah der ehemalige Gasthof Post in der Grabenstraße 22: Schiller (1793), Goethe (1797), Erzherzog Karl (1799) und Ludwig Uhland. Letzterer war zwischen 1810 und 1820 dort sogar Stammgast und trug 1814 für einige Freunde in diesem Gasthof seine neuesten Gedichte vor. Auch Wilhelm Hauff rezitierte 1825 an gleichem Ort Auszüge aus seinen neuen Werken. Vor dem Rathaus steht ein *Sandstein-Marktbrunnen* aus dem Jahr 1728. Teilweise erhalten ist die die Stadt umschließende Ringmauer (Straße »Unter der Mauer«). In der Danneckergasse 1 befindet sich das Haus der Großeltern des Bildhauers Johann Heinrich Dannecker, der in seiner Jugend hier wohl oft zu Besuch war.

Wir folgen erst dem Neuen Weg, der rechts an dem Hügel mit dem Zentrum entlangführt. Wir fahren dann immer geradeaus auf der Bahnhofstraße aus Waldenbuch hinaus, kommen an einem Gewerbegebiet vorbei und bleiben auf dieser Straße immer geradeaus in Richtung *Aichtal*.

Zum **Aichtal** 2 schreibt die Oberamtsbeschreibung Nürtingen 1848: »Das Aichthal, das bedeutendste unter allen Tälern der linken Neckarseite von der Glatt bis zur Enz, tritt aus dem Schönbuch zwischen Waldenbuch und Neuenhaus in den diesseitigen Bezirk ...« Der Fluss entspringt bei der Kirche von Holzgerlingen, ist mit 33 km der längste Bach des Schönbuchs und entwässert rund 180 km². Das Tal wurde am 10. Januar 1985 unter Naturschutz gestellt, allerdings spürt man insbesondere ab Waldenbuch den Siedlungsdruck: Nicht nur die Bebauung, sondern auch die großen Brücken der B 312 und B 27 beeinträchtigen das Landschaftsbild. Der Bach wurde mehrmals korrigiert, mäandert nicht mehr überall in seinem alten Bett und hat dadurch teilweise seine artenreiche Flora und Fauna verloren. Trotzdem ist das Tal streckenweise noch recht idyllisch. Bei Neuenhaus vereinigt sich die Aich

Kurz vor Neuenhaus.

mit der Schaich, bei Oberensingen fließt sie in den Neckar. Mit seinen acht Mühlen ist das Aichtal zwischen Holzgerlingen und Waldenbuch ein richtiges Mühlental.

Wir fahren jetzt ein Stück auf der als Museumsradweg ausgewiesenen Strecke (weitere Informationen zum Museumsradweg von Weil der Stadt nach Nürtingen gibt es im Internet unter »www.tourismus-bw.de/Media/Touren/Museumsradweg«).

Rechts geht die Straße zum Ortsteil *Glashütte*. Auf der linken Seite befindet sich der *Wanderparkplatz Glashütte* mit einem Abenteuerspielplatz. Hier zweigen wir auf der Straße links ab auf den Wanderweg zur »Burkhardtsmühle« (s. Tour 1). Nun geht es ohne Autoverkehr weiter, die Aich begleitet uns dabei links durch eine Wiesenlandschaft. Bevor der Wander- und Radweg die Aich überquert, zweigen wir rechts ab in Richtung »Neuenhaus«. Man hat hier

aber auch die Möglichkeit, geradeaus über die Brücke über die Aich und dann über die Straßenbrücke der L 1185 zum Biergarten bei der *Burkhardtsmühle* 3 zu fahren. Auch in der Burkhardtsmühle selbst kann man einkehren.

Der Radweg biegt, vom Biergarten kommend, nach der Brücke links ab in Richtung Neuenhaus auf den Aichtalweg. Wir fahren nun am Waldrand im Aichtal bis zu einem Radwegschild, wo man mit dem Hinweis »Neuenhaus 0,9 km« nach links verwiesen wird – dass es auch geradeaus nach Neuenhaus ginge, ignorieren wir.

Wir kommen zur Landstraße und fahren auf dem Radweg nach rechts weiter zum Ortsrand von Neuenhaus. Noch vor dem Ort zweigen wir rechts ab in die Bachstraße. Danach halten wir uns rechts in die querende Häfnerstraße und kommen zur *Kirche* 4.

Gemütliche Einkehr bei der Burkhardtsmühle.

Hier kehren wir um, es sei denn, wir wollen diese Tour mit einem Ausflug durch das Schaichtal zu einer längeren Unternehmung verbinden (s. Tour 6). Außerdem könnten wir uns in Neuenhaus etwas umsehen und auch das Häfnermuseum, Mozartstraße 11, besuchen, in dem schöne Stücke des alten Töpferhandwerkes aus Neuenhaus zu bewundern sind. Man sieht dort auch römische Fundstücke und Exponate zum Schönbuch. Weitere Informationen zum Ort Neuenhaus siehe Tour 6.

Tipps für unterwegs

Gasthof Krone in Waldenbuch:
www.krone-waldenbuch.de

Landgasthof Rössle in Waldenbuch:
www.landgasthofroessle.de

Gasthof zum Uhlberg in Neuenhaus:
www.gasthaus-uhlberg.de

Uhlbergturm:
www.uhlbergturm.de

Biergarten Waldmeister direkt am Bundeswanderweg oberhalb der Burkhardtsmühle:
www.waldmeister-biergarten.de

Burkhardtsmühle:
Tel. 07157 880364. Öffnungszeiten: Mo.–Sa. 11–14.30 Uhr und 17–23 Uhr, So. und Feiertage von 11–23 Uhr

Museum Ritter in Waldenbuch, mit Museums-Café, Ritter-Sport-Besucher-Zentrum (mit Schoko-Ausstellung und Schoko-Shop):
www.museum-ritter.de
www.ritter-sport.de

Museum für Alltagskultur in Waldenbuch:
www.museum-der-alltagskultur.de

Waldlehrpfad Betzenberg:
www.naturpark-schoenbuch.de

Fratzenweg in Neuenhaus:
www.aichtal.de

Häfnermuseum in Neuenhaus:
www.aichtal.de

Einkaufsmöglichkeiten in den Waldenbucher Mühlen (Seitenbacher Mühle; Stadtmühle):
www.waldenbuch.de

Haka-Werk (u. a. Neutralseife) in Waldenbuch:
www.hakawerk.de

Hallenbad in Neuenhaus:
www.aichtal.de

Hallenbad in Waldenbuch:
www.waldenbuch.de

Flache Tour durchs Schaichtal.

Von Dettenhausen durch das Schaichtal

Dettenhausen – Schaichtal – Neuenhaus –Dettenhausen

Ausgangspunkt:
Dettenhausen (Bahnhof, Bahnhofstraße 20), GPS-Koordinaten: 48.606312, 9.094585

Schwierigkeitsgrad: Mittel

Kurzinfo: Auch dieser Radausflug gehört zu denjenigen, bei denen man dieselbe Strecke hin und zurück fährt. In diesem Fall führt uns die Radtour von Dettenhausen aus durch das Schaichtal – eines der idyllischen Täler im Schönbuch.
Man kann entweder mit dem Auto kommen und auf dem Wanderparkplatz am Beginn des Tales parken oder mit der Schönbuchbahn zu ihrer Endstation fahren, die sich auf der Höhe oberhalb von Dettenhausen befindet.

Empfohlene Karte:
Freizeitkarte F520 Stuttgart (LGL).

Sonstiges: Ab dem Wanderparkplatz sind es etwa 4 km, 40 Höhenmeter und 0,5 h weniger. Wir fahren auf geschotterten Waldwegen. Es gibt in Dettenhausen ein Freibad, welches im Sommer durch frisches Wasser der Mäuringsquelle gespeist wird, angenehm erwärmt auf 24 °C.

Grillmöglichkeiten: Schaichtal.

Öffentliche Verkehrsmittel: Schönbuchbahn.

Seerosenteich im Schaichtal.

Wie das Aichtal ist auch das Schaichtal ein sehr schönes und beliebtes Ausflugsziel. Landschaftlich gehört es zu den Highlights des Schönbuchs.

Das **Schaichtal** 1 (s. auch Tour 13) wurde 1848 in der Oberamtsbeschreibung von Nürtingen noch als »Schaiachtal« geschrieben. Historiker vermuten, dass der keltische Gewässername Schaich namensgebend für den ganzen Schönbuch gewesen sein könnte – er wurde im 12. Jahrhundert urkundlich »Schainbuoch« genannt. Das Wort »schain« ist im Mittelhochdeutschen und im Schwäbischen gleichbedeutend mit »schön« oder »leuchtend«. Ab Dettenhausen ist das Tal etwa acht Kilometer lang. Es ist sehenswert wegen seiner natürlichen Bachmäander mit üppiger Ufervegetation, vielen Seen und Tümpeln, teilweise mit Seerosen. Etwa fünf Kilometer von Dettenhausen entfernt befand sich im 15. Jahrhundert ein Stausee, dessen Damm heute noch als Wall zu erkennen ist. Vermutlich diente er den Mönchen des Klosters Bebenhausen zur Fischzucht.

Wir fahren vom *Bahnhof* aus in der Bahnhofstraße nach Osten bis zur querenden Durchgangsstraße (Tübinger Straße), halten uns dort links und biegen nach dem *Freibad* rechts ab in den Mühlweg. An dessen Ende liegt ein *Wanderparkplatz*, der bereits an der Durchgangsstraße angezeigt ist. Hier startet man, wenn man mit dem Auto anfährt.

Nun sind wir im *Schaichtal;* hier können wir bis *Neuenhaus* 2 (s. Tour 6) den Weg nicht mehr verfehlen. Wir kommen an einigen idyllischen Weihern vorbei, es gibt Rastplätze und Grillgelegenheiten, und kurz vor Neuenhaus sieht man den *Häfnerbrunnen*.

Zurück fahren wir denselben Weg. Nun kann man entweder in *Dettenhausen* das Freibad aufsuchen oder sich im Ort etwas umsehen.

Erstmals erwähnt wurde **Dettenhausen** 3 als »Detenhusen« um 1100. 1120 wurde der Ort mit allen Rechten von den Grafen von Berg (bei Ehingen/Donau) dem Benediktinerkloster Hirsau geschenkt. Später besaßen die Tübinger Pfalzgrafen das Vogtsrecht, das sie 1298 an das Kloster Bebenhausen verkauften. 1363 kam der Ort zu Württemberg. Früher waren die Steinbrüche auf dem naheliegenden Betzenberg bedeutsam (s. Tour 14). Der erste im Schönbuch bekannte Steinbruch wurde 1383 bei Dettenhausen genannt. Der Stubensandstein von hier fand beim Bau des Kölner Domes Verwendung. Bereits Gottlieb Friedrich Rösler, Professor am Gymnasium Illustre in Stuttgart, sprach 1791 in seiner Schrift »Beyträge zur Naturgeschichte des Herzogthums Wirtemberg« von Dettenhausen als dem »Vaterland der Mühlsteine«. Er habe erforscht, dass »viele tausend Mühlsteine« über Ulm und auf der Donau bis »ins Bayrische und Österreichische und (der gemeinsamen Sage nach) weiter bis in die Türkey« geliefert wurden. Auch die Schweiz war ein großer Abnehmer. Allerdings begann ab 1890 der Rückgang des Steinmetzgewerbes, da es billigere Baustoffe gab. 1920

Kathreehäusle in Dettenhausen.

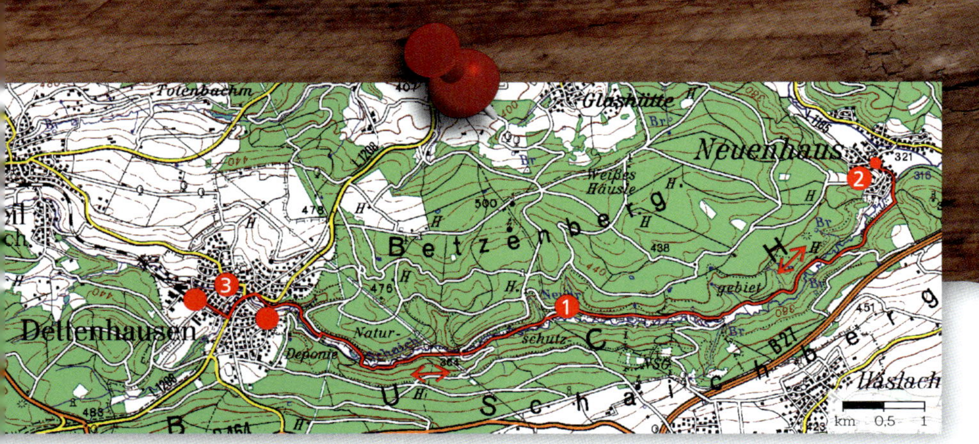

bestand nur noch ein Betrieb, 1975 stellte dann auch die letzte Firma die Arbeit ein. Inzwischen wird allerdings wieder Sandstein am Betzenberg abgebaut – für die Ulmer Münsterbauhütte zur Sanierung des Hauptturms des Ulmer Münsters.

Die klassizistische *Pfarrkirche* wurde 1832 bis 1834 im »Finanzkammerstil« als einfacher Rechteckbau aus heimischem Sandstein errichtet. Man sieht noch ein paar Fachwerkhäuser, viele sind jedoch verputzt. Das *Kathree-Häusle*, Kirchstraße 15, ist ein winziges Häuschen, fast ein Puppenhaus, das noch mitsamt dem alten Inventar erhalten ist. Auf weniger als 15 m² lebten in dem 1839 erbauten Haus zeitweise bis zu sieben Personen! Zu sehen ist das Inventar der letzten Bewohnerin, Kathree Oßwald († 1951). Den Schlüssel zum Häusle kann man sich im Schönbuchmuseum, Ringstraße 3, ausleihen.

Erwähnenswert sind noch zwei bekannte Persönlichkeiten aus Dettenhausen: Zum einen ist das der Journalist, Schriftsteller und Drehbuchautor Felix Huby

Die Seen im Schaichtal erwecken mit ihren Schilf- und Seerosenbeständen alle einen lieblichen Eindruck.

(eigentlich Eberhard Hungerbühler), der 1938 in Dettenhausen geboren wurde. Des Weiteren die Scherenschnittkünstlerin Lotte Reiniger, die ihre letzten Jahre in Dettenhausen verbrachte und 1981 nach ihrem Tod dort auch beerdigt wurde. Im Stadtmuseum Tübingen gibt es zu ihrem beeindruckenden Gesamtwerk eine sehenswerte Dauerausstellung.

Tipps für unterwegs

Gastwirtschaft Veschperbrettle in Dettenhausen:
www.veschperbrettle.de

Gasthof zum Uhlberg in Neuenhaus:
www.gasthaus-uhlberg.de

Schönbuchmuseum in Dettenhausen
(zu sehen sind Informationen zur Jagd, zur wirtschaftlichen Nutzung des Waldes und zum Steinhauerhandwerk):
www.dettenhausen.de

Polizeimuseum in Dettenhausen:
www.dettenhausen.de

Häfnermuseum in Neuenhaus:
www.aichtal.de

Hallenbad in Neuenhaus:
www.aichtal.de

Freibad in Dettenhausen:
www.freibad-dettenhausen.de

Die schönste Zeit für diese Radtour ist sicherlich der Sommer, wenn die Seerosen blühen.

Blick auf
Bebenhausen.

Tour 4

Durch das Große Goldersbachtal

Bebenhausen – Geschlossene Brücke – Teufelseiche – Soldatengrab – Neue Brücke – Lindachspitzhütte – Bebenhausen

18,5 km

2 h

100 m

Bebenhausen

Ausgangspunkt: Bebenhausen (Schönbuchstraße 29), GPS-Koordinaten: 48.560336, 9.062187

Schwierigkeitsgrad: Leicht

Kurzinfo: Bei dieser Radtour fahren wir die ganze Zeit durch das Große Goldersbachtal und kommen dabei an einigen Rastplätzen mit Grillmöglichkeit vorbei. Genau das Richtige also, um den Nachwuchs zu einem Ausflug zu animieren. Zurück geht es denselben Weg.

Empfohlene Karte: Freizeitkarte F523 Tübingen Reutlingen (LGL).

Sonstiges: Wir fahren auf geschotterten Wegen. Wer früh kommt, kann in Bebenhausen direkt unterhalb der Klosteranlage parken, ansonsten gibt es Ausweichparkplätze vor und nach dem Ort an der Durchgangsstraße.

Grillmöglichkeiten: Goldersbachtal.

Durch das Goldersbachtal.

Wir fahren in der Schönbuchstraße durch *Bebenhausen* hindurch und biegen nach den Häusern rechts in die Straße »Am Goldersbach« ab. Wir sind jetzt im Goldersbachtal. Der Weg führt uns nun anfangs parallel zum Goldersbach. Links des Weges steht ein »Bücherbaum«.

Dieser **Bücherbaum** 1 wurde 2012 aufgrund einer Initiative der Mitarbeiter des Forstreviers Tübingen im Hinblick auf das 40-jährige Bestehen des Naturparks Schönbuchs aufgestellt. In diesem, mit Türen versehenen, Baumstamm sind in den einzelnen Fächern Bücher verstaut, die man mitnehmen oder gleich dort bei den aufgestellten Holztischen und -bänken lesen kann. Man kann auch eigene Bücher dort einstellen. Diese Möglichkeit wird gerne von Book-Crossing-Nutzern wahrgenommen, die dort ihre Bücher »freilassen«. (Weitere Infos unter »www.bookcrossing.com«.)

Wir kommen am *Ilgenloch* vorbei, danach am *Geschlossenen Brunnen*.

Besonders schön ist das kleine **Ilgenloch** 2 in der Nähe des Grill- und Rastplatzes Geschlossener Brunnen mit dem Bewuchs von Seerosen und Gelben Sumpf-Schwertlilien (Iris pseudacorus), auf Schwäbisch »Gilgen« oder »Ilgen«.

Am *Geschlossenen Brunnen* biegen wir rechts ab und folgen weiter dem Goldersbach. An der *Tellerbrücke* nehmen wir den rechts abzweigenden Leichtsweg, der uns am links liegenden Weiher vorbei zur *Teufelsbrücke* mit der *Oskar-Klumpp-Eiche* (s. Tour 7) 3 bringt.

Wir fahren von der Oskar-Klumpp-Eiche aus geradeaus, weiter durch das *Große Goldersbachtal*. Nach einiger Zeit liegt links das *Soldatengrab* (s. Tour 7) 4. Geradeaus weiterfahrend erreichen wir bald die *Neue Brücke*. Einen halben Kilometer später kommen wir zur *Lindachspitzhütte* 5. Spätestens hier drehen wir um und fahren auf demselben Weg zurück. Nun können wir das Goldersbachtal von einer ganz anderen Seite aus genießen.

Bei der *Teufelsbrücke* 3 können wir zur Abwechslung rechts abbiegen und den Jungfernhäuleweg nehmen, der sich an der *Tellerbrücke* wieder mit dem Leichtsweg vereinigt. Dies bringt allerdings einen Anstieg von etwa 20 Höhenmetern mit sich.

Zurück in *Bebenhausen* können wir uns in dem Ort mit seinen vielen sehenswerten Gebäuden und dem ehemaligen Zisterzienserkloster sowie dem Schloss umsehen.

Das **Kloster Bebenhausen** 6 ist eine der am besten erhaltenen Klosteranlagen Deutschlands, gelegen in typisch zisterziensischer Lage in der Waldeinsamkeit in einem weiten Talkessel. Das Kloster wurde vermutlich 1181 gegründet, 1305 erhielt es Reichsunmittelbarkeit (das Kloster war somit direkt dem Kaiser und Reich unterstellt). Wie alle Zisterzienser wussten auch die hiesigen Mönche zu wirtschaften: Von allen Klöstern, die 1534/1535 von Herzog Ulrich bei der Einführung der Reformation in Württemberg aufgelöst wurden, war Bebenhausen mit seinen 8600 Untertanen das reichste. Im

Kloster selbst wurde ab 1556 eine der evangelischen Klosterschulen, ein »Höheres Seminarium«, untergebracht, das bis 1807 bestand. Einer der Schüler war der Philosoph Friedrich Wilhelm Schelling. 1868 hat man im engeren Klosterbezirk das ehemalige Gästehaus in ein königliches *Jagdschloss* umgebaut und von 1868 bis 1870 private Räume für das Königspaar Karl und Olga eingerichtet. Das Jagdschloss wurde 1918 nach der Abdankung des letzten Königs Wilhelm II. dessen Wohnsitz; hier verstarb er 1921 auch, ebenso 1946 seine Witwe, Königin Charlotte. Nach dem Zweiten Weltkrieg war vom Juni 1947 bis 1952 auf Anweisung der französischen Besatzungsmacht im Kloster Bebenhausen der Landtag von Württemberg-Hohenzollern untergebracht. Dieser Landtag war damals das billigste Landesparlament in Deutschland – er kostete jeden Einwohner nur 22 Pfennige im Jahr! Die Klosteranlage mit Kreuzgang und Kirche, die verschiedenen Versammlungsräume der Mönche (Kapitelsaal, Sommer- und Winterrefektorium) und das Dormitorium (der Schlafsaal)

Neugierige Fische im Ilgenloch.

Der Weg verläuft entlang des Goldersbaches.

Fachwerkromantik in Bebenhausen.

können mit und ohne Führung besichtigt werden. Auch das Schloss, als letzter Wohnort des »g'lernten Königs«, kann im Rahmen einer Führung besichtigt werden. Die Räumlichkeiten, insbesondere der Blaue und Grüne Saal, sind sehr sehenswert. Auch die für damalige Zeiten sehr moderne Schlossküche und das Badezimmer der Königin lohnen einen Besuch. Außerdem findet man innerhalb der Klosteranlage, im Schreibturm, ein Informationszentrum über den Naturpark Schönbuch. Seit 1975 ist die gesamte Ortschaft Bebenhausen unter Denkmalschutz gestellt und mit Bauverbot belegt – damals war dies einmalig in Baden-Württemberg.

Tipps für unterwegs

Schranners Waldhorn in Bebenhausen:
www.waldhorn-bebenhausen.de

Landhotel Hirsch in Bebenhausen:
www.hirsch-bebenhausen.de

Gasthof Sonne in Bebenhausen:
www.sonne-bebenhausen.de

Goldersbachklause zwischen Bebenhausen und Lustnau:
www.goldersbachklause.de

Kloster Bebenhausen und Schloss Bebenhausen:
www.kloster-bebenhausen.de

Besucherzentrum Naturpark Schönbuch in Bebenhausen:
www.naturpark-schoenbuch.de

Weiher bei
der Teufelsbrücke.

Durchs Goldersbachtal nach Entringen

Holzgerlingen – Schaichhof – Goldersbachtal – Arenbachtal – Saurucken – Entringen

Ausgangspunkt: Holzgerlingen (Haltestelle Buch der Schönbuchbahn, Robert-Bosch-Straße 6), GPS-Koordinaten: 48.628402, 9.019806

Schwierigkeitsgrad: Mittel

Kurzinfo: Quer durch den Schönbuch führt uns diese Radtour, die auf der Holzgerlinger Platte beginnt, durch das liebliche Goldersbachtal und das Arenbachtal verläuft und in Entringen im Ammertal endet.

Empfohlene Karte: Freizeitkarte F523 Tübingen Reutlingen (LGL).

Sonstiges: Wir fahren auf festen Wegen. Es gibt am Bahnhof Holzgerlingen die Möglichkeit, die Akkus der Elektrofahrräder zu laden. Nähere Infos unter »www.vvs.de/e-bike-stationen«.

Grillmöglichkeiten: Teufelsbrücke, Geschlossener Brunnen.

Öffentliche Verkehrsmittel: Schönbuchbahn, Ammertalbahn, S-Bahn.

Wir starten an der *Haltestelle Holzgerlingen Buch* der Schönbuchbahn. Dort fahren wir in der Robert-Bosch-Straße nach Westen, biegen dann links in die Max-Eyth-Straße ab und queren die Gleise. Gleich danach biegen wir links ab und rollen kurz parallel zu den Gleisen, dann knickt der Weg rechts ab. Es geht an einem *Pferdehof* vorbei, dann fahren wir parallel zur B 464 bis zum rechts liegenden *Schaichhof (s. Tour 8)* **1**.

Wir fahren in die Anlage hinein und rechts an den Gebäuden entlang, dann durch die *Golfanlage* hindurch. An der Verzweigung vor der *Schaich,* wo es rechts in Richtung Gabeleiche geht, radeln wir links weiter bis zu einem *Parkplatz.* Dort zweigen wir nach der Linkskurve rechts ab. Nun geht es direkt nach Süden.

Bald erreichen wir die *Schnapseiche* (s. Tour 9) **2**, wo es einen Picknickplatz mit Tisch und Bank gibt. Auch ein Mammutbaum (s. Tour 14) steht inmitten der kleinen Lichtung. Wir ignorieren die links abgehende Schnapsallee und fahren noch kurz weiter. Kurz danach zweigen wir aber links ab und kommen ins Tal des *Ochsenbachs.*

Dort biegen wir rechts ab und erreichen kurz danach das *Kleine Goldersbachtal.*

Das **Goldersbachtal** **3** teilt sich an der Teufelsbrücke in das Große und das Kleine Goldersbachtal und gehört mit seinen Talauen sicherlich zu den schönsten Schönbuchtälern. Umgeben ist es von urwaldartigem Schonwald, in dem

Oben: Wildschweingehege am Saurucken.

Landschaft bei Holzgerlingen.

jegliche forstliche Nutzung unterbleibt. Hier wachsen prächtige alte Bäume, darunter auch Kastanien. Mit seinen zahlreichen Zuflüssen entwässert der Goldersbach den südlichen Schönbuch. Es ist wahrscheinlich eines der letzten noch intakten Bachsysteme im Mittleren Neckarraum. Heute wird versucht, durch gezielte Pflegemaßnahmen (beispielsweise keine Düngung, jährliche späte Mahd mit Entfernung des Schnittguts) wieder feuchte Streuwiesen mit Orchideenstandorten zurückzugewinnen. Im Frühjahr findet man beispielsweise Knabenkräuter, Trollblumen und Sumpfdotterblumen. Hier haben auch der Gelbe Eisenhut und die Kugelige Teufelskralle ihr Hauptverbreitungsgebiet im Schönbuch. Im Tal wurden schon rund 390 Pflanzen- und über 90 Moosarten gezählt, nicht wenige davon stehen auf der »Roten Liste« der aussterbenden Arten.

Grillplatz am Geschlossenen Brunnen.

Der Bach mündet bei Lustnau in die Ammer, kurz bevor diese in den Neckar fließt. Das Tal ist zwischen den Hochflächen aus Rhätsandstein von Bromberg und Steingart bis zu 150 Meter tief – bis hinunter auf den Schilfsandstein – eingeschnitten. Etwa fünf Kilometer von Bebenhausen entfernt fand man im Kleinen Goldersbachtal Reste einer Glashütte der Mönche, und im unteren Goldersbachtal zwischen Lustnau und Bebenhausen gibt es einige Grabhügel aus der Hallstattzeit (800 v. Chr.). Neben zahlreichen Erholungseinrichtungen (Rast- und Grillplätze, Spielwiesen) zeichnet sich das Tal durch einige zwar künstlich angelegte, aber idyllische Teiche, teilweise mit Seerosen, aus. Vor Jahren bestand große Gefahr für das Goldersbachtal: Unterhalb der Teufelsbrücke sollte ein Rückhaltebecken mit einem zwölf Meter hohen Damm gebaut werden. Grund waren die vom Goldersbach verursachten Hochwasser in Lustnau. Heute besteht ein Schutzsystem, bei dem das Tal abgeriegelt werden kann, kurz vor dem Tübinger Stadtteil Lustnau.

Immer geradeaus fahrend kommen wir zur *Teufelsbrücke* (s. Tour 7) **4**. Hier zweigen wir an dem *Weiher* links ab in den Leichtsweg, der uns zur *Tellerbrücke* bringt. Weiter geradeaus fahrend verlassen wir bald den geschützten Bereich des Naturparks und kommen zum *Geschlossenen Brunnen* **5**. Dort biegen wir rechts ab in das *Arenbachtal*.

Wir kommen an *Beckles Gartenhaus* **6** vorbei, einem Unterstand und Picknickplatz, und fahren weiter bis zum *Wildgehege Saurucken,* wo es auch einen großen Spielplatz gibt. Hier orientieren wir uns links. Nun steigt es an bis zum *Parkplatz Saurucken* 7. Ab hier können wir es hinab nach *Entringen* rollen lassen.

Vom 1275 erstmals erwähnten romanischen Vorgängerbau – ein erster Bau wurde wohl bereits im 8. Jahrhundert errichtet – der 1452 erbauten gotischen Kirche St. Michael in **Entringen** 8 blieben nur noch wenige Mauerreste erhalten. Chor und Turm enthalten noch romanische Teile. Die schlanken Spitzbogenfenster besitzen reiches Maßwerk. Die Empore stammt aus dem Jugendstil. Innen sieht man einen spätgotischen Taufstein (15. Jh.) mit reicher Maßwerkverzierung, einen mit fein geschnitzten Holzintarsien geschmückten Kanzelkorb (16. Jh.), eine barocke Chororgel und seit der Reformation eine hölzerne Empore. Auf ihr steht ein bemalter Herrschaftsstuhl von 1627. Im Langhaus befindet sich ein spätgotisches Chorgestühl (Ende 15. Jh.), das mit seinen Flachschnitzereien zu den am aufwendigsten gestalteten Chorgestühlen dieser Art im oberen Neckargebiet zählt. Das Kruzifix stammt vielleicht aus dem 16. Jahrhundert. Innen und außen sind zahlreiche Grabsteine und Epitaphien aus dem 16. bis 18. Jahrhundert zu sehen. Über dem straßenseitigen Eingang befindet sich ein bemaltes Wappenschild. Das Pfarrhaus ist mit dem Gebäude Kirchgasse 9 durch ein rundbogiges Hoftor aus dem 17. Jahrhundert verbunden, ebenso mit der Zehntscheuer. Fachwerkhäuser, allerdings meist verputzt, findet man beispielsweise in der Kirchgasse (Nr. 9 a war vielleicht ein Bebenhäuser Pfleghof), Herrenberger Straße, Tübinger Straße und in der Badgasse. Die ehemalige Kelter (um 1700) besitzt ein Walmdach, die Zehntscheuer eine gotische Spitzbogentüre (um 1400). Das Forsthaus stammt aus dem Jahr 1828, der gusseiserne Brunnen aus Wasseralfingen auf dem Marktplatz ist von 1863.

Wir fahren erst in der Bebenhauser Straße, biegen dann links in die Badgasse und rechts in die Kirchstraße ab. Sie bringt uns zur Durchgangsstraße (Herrenberger Straße). Etwas links davon geht die Bahnhofstraße ab, auf der wir zum *Bahnhof* rollen.

Seerosenweiher
im Schaichtal.

2-Täler-Tour im Schönbuch

Dettenhausen – Waldenbuch – Aichtal – Neuenhaus – Schaichtal – Dettenhausen

26 km

3,5 h

260 m

Dettenhausen, Waldenbuch, Biergarten oberhalb der Burkhardtsmühle; Burkhardtsmühle, Neuenhaus

Ausgangspunkt:
Dettenhausen (Bahnhof, Bahnhofstraße 20), GPS-Koordinaten: 48.606312, 9.094585

Schwierigkeitsgrad: Mittel

Kurzinfo: Mit dem Aich- und dem Schaichtal lernen wir bei dieser Fahrt zwei der schönen Täler des Schönbuchs kennen. Durch die Täler bringt diese Tour nur geringe Höhenunterschiede mit sich, nur einmal müssen wir über die Höhe des Betzenbergs fahren.

Empfohlene Karte: Freizeitkarte F520 Stuttgart (LGL).

Sonstiges: Wer mit dem Auto anfährt, parkt am Wanderparkplatz in Dettenhausen beim Freibad. Von dort sind es 4 km, 40 Höhenmeter und 0,5 h weniger. Auch in Waldenbuch und Neuenhaus findet man Parkmöglichkeiten. Wir fahren auf geschotterten Wegen.

Grillmöglichkeiten: Schaichtal.

Öffentliche Verkehrsmittel:
Schönbuchbahn.

Schutzhütte auf den Braunäckern.

Von der *Endstation der Schönbuchbahn* in *Dettenhausen* aus rollen wir in der Bahnhofstraße nach Osten bis zur querenden Durchgangsstraße (Tübinger Straße), halten uns dort links und biegen nach dem *Freibad* rechts ab in den Mühlweg. An dessen Ende liegt ein *Wanderparkplatz*, der bereits an der Durchgangsstraße angezeigt ist. Hier startet man, wenn man mit dem Auto angekommen ist. Wer anschließend wieder zum Bahnhof muss, fährt auf demselben Weg zurück.

Jetzt radeln wir ab dem Wanderparkplatz durch das *Schaichtal* 1 (s. Tour 3 und 13). Wir kommen an der *Kläranlage* vorbei, dann nach den *Kleingärten* zu einer großen Lichtung, wo rechts eine *Hütte* mit Grillmöglichkeit steht. Hier biegen wir links ab in Richtung »Waldenbuch«.

Nun fahren wir hinauf auf den Betzenberg. Am *Parkplatz Braunacker* orientieren wir uns rechts. Kurz vor dem *Wasserbehälter* biegen wir links ab in die idyllischen Streuobstwiesen.

Der **Betzenberg** (s. auch Tour 14) ist ein lang gestreckter Höhenrücken in West-Ost-Richtung, zwischen dem Aichtal im Norden und dem Schaichtal im Süden gelegen, ungefähr 500 Meter hoch. Hier gab es früher viele kleine Steinbrüche, in denen Stubensandstein gebrochen wurde, der u. a. für das Ulmer Münster, den Kölner Dom oder das Münchener Rathaus Verwendung fand. Dieser Stubensandstein war schon in der Römerzeit, vor allem aber im Mittelalter, sehr begehrt. Außerdem fanden hier – in den lehmigen Schichten des Stubensandsteins – die Töpfer von Häfner-Neuhausen (heute Neuenhaus) ihren Ton.

Der Weg knickt gleich links, dann vor einer *Hütte* rechts ab. Danach fahren wir im Wald bergab, nach ihm parallel zur Landstraße zum Anfang von *Waldenbuch* 2 (s. Tour 2). Dort geht es die Walddorfer Straße hinab zum querenden Neuen Weg. Wir biegen rechts ab; der sehenswerte Ortskern mit dem Schloss liegt links oberhalb der Straße. Jetzt radeln wir im *Aichtal* 3 (s. Tour 2). Dazu folgen wir bis *Neuenhaus* der Beschreibung von Tour 2.

Neuenhaus 4 wurde 1312 erstmals als »Nuwenhusen« erwähnt (gemeint war wohl das »Neue Haus« der Pfalzgrafen von Tübingen im Gegensatz zur abgegangenen Burg). Zusammen mit der Ortschaft Steinenbronn und dem Schönbuch wurde der Ort 1347 von Graf Konrad I. von Tübingen-Herrenberg für 9600 Pfund Heller an die Grafen Eberhard und Ulrich von Württemberg verkauft. Vom 14. bis ins 19. Jahrhundert war hier ein Zentrum des Hafnergewerbes (also der Töpfer), daher auch der Name »Häfner-Neuhausen«, der schon 1720 auch in amtlichen Akten auftauchte. Das Gewerbe soll von Herzog Ulrich durch die Ansiedlung fränkischer Siedler eingeführt worden sein. Die Töpfererde – ein Bindemittel des verwitterten Stubensandsteins – wurde aus dem nahen Wald geholt. Der Höhepunkt des Gewerbes war um 1848 erreicht, als es 78 Meister gab. Das waren zwei Drittel der Bürgerschaft. Die Hafnerzunft des Oberamts Nürtingen, 1830 begründet, hatte deshalb auch hier ihren Sitz. Die Hafner hatten seit alters her das Recht, ihre Waren auch auf fremden Märkten und im Hausiererhandel zu vertreiben. Trotz allen handwerklichen Fleißes und der Bedeutung des Gewerbes

Radelpause im Schaichtal.

für den Ort war Neuenhaus um die Mitte des 19. Jahrhunderts der ärmste Ort des Oberamts Nürtingen. Durch die Industrialisierung ging die Hafnerei zurück – 1900 gab es nur noch 17, 1905 sogar nur noch zehn Meister, trotzdem aber 70 Hausierer mit Tongeschirr. Vor 1819 mussten die Meister für das Graben nach Ton jährlich 100 Eier an den Staat, ab 1844 an die Gemeinde abliefern, dann wurde es in eine Geldabgabe von 40 Kreuzer umgewandelt. Im Jahr 1904 betrug die Abgabe noch 1,20 Mark, was nach heutigem Wert rund fünf Euro entsprechen würde. Die *Kirche* ist eine Chorseitenturmanlage mit spätgotischem Turm mit spitzem Helm und farbig glasierten Ziegeln. Das Chorgewölbe ist mit der Jahreszahl 1480 versehen. Aus diesem Jahr stammen auch die Steinkanzel, der Taufstein und die Beschläge der Sakristei-Tür.

Streuobstwiese in den Braunäckern.

Das zweigeschossige barocke *Pfarrhaus* (1722) besitzt ein Walmdach. Ungewöhnlich groß für einen kleinen Ort ist das viergeschossige *Rathaus* (1845). In ihm war auch die Schule untergebracht. Seit der Gemeindereform im Jahr 1975 bildet Neuenhaus gemeinsam mit Grötzingen und Aich die Stadt Aichtal.

Ab der Kirche rollen wir durch die Mozartstraße in Richtung »Schaichtal«. Die Radwegschilder bringen uns zu einem *Parkplatz,* danach radeln wir wieder autofrei durch das zweite Tal dieser Tour, das *Schaichtal.*

Hier brauchen wir nur noch den Radwegschildern zu folgen, die uns zurück nach *Dettenhausen* leiten, entweder zum *Wanderparkplatz* oder auf bekanntem Weg zur *Bahnstation.*

Tipps für unterwegs

Gastwirtschaft Veschperbrettle in Dettenhausen:
www.veschperbrettle.de

Gasthof zum Uhlberg in Neuenhaus:
www.gasthaus-uhlberg.de

Biergarten Waldmeister direkt am Bundeswanderweg oberhalb der Burkhardtsmühle:
www.waldmeister-biergarten.de

Burkhardtsmühle:
Tel. 07157 880364. Öffnungszeiten: Mo.–Sa. 11–14.30 Uhr und 17–23 Uhr, So. und Feiertage von 11–23 Uhr

Uhlbergturm:
www.uhlbergturm.de

Häfnermuseum in Neuenhaus:
www.aichtal.de

Naturtheater Grötzingen
(auch Nachmittagsvorstellungen und Theaterstücke für Kinder):
www.naturtheater-groetzingen.de

Bäckerei Stückle:
Waldenbucher Str. 3, 72631 Aichtal, Öffnungszeiten: Mo.–Fr. 6–13 Uhr, 15–18 Uhr, Telefon: 07127 50157

Hallenbad in Neuenhaus:
www.aichtal.de

Grill-, Rast- und Spielplatz bei der Teufelsbrücke.

Vom Kloster in den Wald

Bebenhausen – Beckles Gartenhaus – Saurucken – Soldatengrab – Teufelsbrücke – Bebenhausen

Ausgangspunkt: Bebenhausen (Schönbuchstraße 29), GPS-Koordinaten: 48.560336, 9.062187

Schwierigkeitsgrad: Leicht

Kurzinfo: Bebenhausen bietet sich als Ausgangspunkt für eine Schönbuchtour immer an. Hier kann man anschließend einkehren oder das ehemalige Kloster bzw. Schloss besichtigen. Die hier beschriebene Tour verläuft zum Teil im Goldersbachtal (s. Tour 4). Unterwegs kommen wir an einigen Besonderheiten vorbei.

Empfohlene Karte: Freizeitkarte F523 Tübingen Reutlingen (LGL).

Sonstiges: Wir fahren meist auf geschotterten Wegen.

Grillmöglichkeiten: Geschlossener Brunnen, Teufelsbrücke.

Wir fahren in der Schönbuchstraße durch *Bebenhausen* hindurch und biegen nach den Häusern rechts ab in die Straße »Am Goldersbach«. Der Weg führt uns nun anfangs parallel zum Goldersbach. Wir kommen am *Ilgenloch* 1 (s. Tour 4) vorbei, danach am *Geschlossenen Brunnen* 2. Unterwegs steht der von der Naturparkverwaltung aufgestellte »Bücherbaum« (s. Tour 4). Am *Geschlossenen Brunnen* fahren wir geradeaus weiter, nun im *Arenbachtal*.

Der **Arenbach** 3 entspringt in verschiedenen Zuflüssen östlich des Schönbuchspitzes und verläuft wie die meisten anderen Bäche in West-Ost-Richtung. An ihm findet man den herrlichen Spielplatz Saurucken, wo es auch ein großes Wildgehege gibt, sowie den Rastplatz mit Schutzhütte Beckles Gartenhaus. Am Geschlossenen Brunnen vereinigt der Arenbach sich mit dem Goldersbach. Das Tal ist ein herrliches Bachtal mit alten Bäumen – darunter prächtigen

Tellerbrücke über den Goldersbach.

Unten: Soldatengrab im Großen Goldersbachtal.

Kastanienbäumen – und romantischen Tümpeln.

Es geht an *Beckles Gartenhaus* mit einer Hütte vorbei, danach erreichen wir den *Spielplatz* und das *Wildgehege Saurucken* 4. Hier rollen wir geradeaus weiter. Nach einem *Weiher* treffen wir auf einen querenden Weg, in den wir rechts einbiegen. Nun steigt es an. Wir fahren an einem *Brunnen* mit Tisch und Bänken vorbei, danach knickt der Weg scharf rechts ab. Nach dem *Tor des Wildgatters* folgen wir dem Radwegschild nach »Herrenberg« links in den Sommerstichweg. Er bringt uns zu einer *Kreuzung*, wo die mächtige *Kaiserlinde* 5 von 1893 steht. Wir rollen geradeaus weiter, dann zweigen wir in den nächsten Weg nach links ab. Nun radeln wir über der Ziegelklinge mit weiten Kurven hinab ins *Große Goldersbachtal* 6. Dort orientieren wir uns rechts. Gleich darauf liegt rechts des Weges das *Soldatengrab*.

Hier im Schönbuch lagen 1945 abgeschnitten noch einige deutsche Divisionen. Das **Soldatengrab** 7 erinnert an den Gefreiten Viktor Wagner (13. Februar 1926 bis 19. April 1945), der in den letzten

Rast an Beckles Gartenhaus.

Tagen des Zweiten Weltkrieges an dieser Stelle noch sein Leben lassen musste.

Nach einiger Zeit kommen wir zur *Teufelsbrücke,* einem beliebten Rastplatz. Hier sehen wir einen Weiher und nach der Kreuzung treffen wir auf die *Oskar-Klumpp-Eiche.*

Die **Oskar-Klumpp-Eiche** an der **Teufelsbrücke** 8, an der Grenze der Landkreise Tübingen und Böblingen, ist eine 300 Jahre alte Eiche mit einem Stammumfang von über 4,70 Meter. Sie wurde 1973 dem »Beschützer des Schönbuches« gewidmet. Oskar Klumpp war von 1963 bis 1973 Landrat in Tübingen; er hat sich besonders vehement (und letztendlich auch erfolgreich) gegen den im Schönbuch geplanten Großflughafen Stuttgart II zur Wehr gesetzt. Die Teufelsbrücke hat ihren Namen von einem Einsiedler, der etwas oberhalb lebte und nachts herunter an diese Kreuzung kam, um den Teufel zu beschwören.

Nun haben wir zwei Möglichkeiten: Wir können entweder nach dem *Weiher* rechts in den Jungfernhäulesweg abbiegen; er bringt allerdings einen Anstieg von etwa 20 Höhenmetern mit sich. Dann halten wir uns an der Verzweigung links in den abwärtsführenden Weg. Oder wir fahren im Leichtsweg geradeaus weiter. Beide Wege vereinigen sich an der *Tellerbrücke* 9 wieder.

Wir rollen nun weiter bis zum *Geschlossenen Brunnen* 2, wo wir links abbiegen und auf bekanntem Weg zurück nach *Bebenhausen* 10 fahren, wo man das ehemalige Kloster und das Schloss besichtigen kann (s. Tour 4).

Tipps für unterwegs

Schranners Waldhorn in Bebenhausen:
www.waldhorn-bebenhausen.de

Landhotel Hirsch in Bebenhausen:
www.hirsch-bebenhausen.de

Gasthof Sonne in Bebenhausen:
www.sonne-bebenhausen.de

Goldersbachklause zwischen Bebenhausen und Lustnau:
www.goldersbachklause.de

Kloster Bebenhausen / Schloss Bebenhausen:
www.kloster-bebenhausen.de

Besucherzentrum Naturpark Schönbuch in Bebenhausen:
www.naturpark-schoenbuch.de

Touren im nördlichen Schönbuch

Idyllische Baumallee bei Mauren.

Rund um die Holzgerlinger Platte

Holzgerlingen – Mauren – Hildrizhausen – Stellenhäusle – Kohlhauweiher – Schaichhof – Holzgerlingen

Ausgangspunkt: Holzgerlingen (Bahnhof, Turmstraße 40), GPS-Koordinaten: 48.638629, 9.007227

Schwierigkeitsgrad: Mittel

Kurzinfo: Mitten im ausgedehnten Waldgebiet des Schönbuchs liegt mit der sogenannten Holzgerlinger Platte eine große Lichtung, die mit ihrem fruchtbaren Liasboden nicht nur intensiv landwirtschaftlich genutzt wird, sondern auf der auch Siedlungen liegen. Wir umfahren diese Freifläche und kommen an sehenswerten Dörfern und Plätzen vorbei.

Empfohlene Karte: Freizeitkarte F520 Stuttgart (LGL).

Sonstiges: Bis zur Haltestelle Buch sind es etwa 1,5 km weniger. Wir fahren auf asphaltierten und geschotterten Wegen. Es gibt am Bahnhof Holzgerlingen die Möglichkeit, die Akkus der Elektrofahrräder zu laden. Nähere Infos unter »www.vvs.de/e-bike-stationen«.

Öffentliche Verkehrsmittel: Schönbuchbahn.

Wir fahren vom *Bahnhof Holzgerlingen* aus zum nördlichen Ende des Parkplatzes und danach etwas nach rechts versetzt durch die Turmstraße. Sie zieht als Pfarrer-Martin-Thust-Weg nach links, wir unterqueren eine *Brücke* und halten uns nach dem rechts liegenden Parkplatz mit dem Radwegschild nach »Mauren« rechts.

Nun fällt es ab ins Tal, wo wir uns in einer *Baumallee* rechts halten. Wir stoßen auf die Landstraße, folgen ihr ein paar Meter und zweigen dann rechts auf den Feldweg ab. Auf ihm fahren wir bis zum Waldrand, wo wir mit dem Albvereinszeichen links abbiegen und zur Kirche von *Mauren* kommen.

Mauren 1 hat seinen Namen von römischen Mauerresten (muri = Mauern) – hier fand man im frühen 19. Jahrhundert Bruchstücke von römischen Gefäßen und zwei römische Säulen. Das im Mittelalter auf römischer Grundlage erbaute Wasserschloss (1320 erstmals erwähnt) wurde 1615 abgebrochen. Daneben erbaute 1617 der berühmte Hofbaumeister Heinrich Schickhardt für Johann Friedrich Schertel von Burtenbach, Nachkomme des alten Haudegens und Landsknechtsführers Sebastian Schertel aus Schorndorf, ein kleines Schloss mit Ecktürmchen. Die Siedlung wechselte mehrfach den Besitzer (so gelangte sie 1399 von den Schleglern aus Heimsheim an die Württemberger). 1806 kam Mauren unter württembergische Staatshoheit, 1943 wurde das Schloss durch Bomben vernichtet. Erhalten blieben nur noch das Erdgeschoss des Schlosses und Reste der Parkanlage. Nach dem Zweiten Weltkrieg bauten die Löwis of Menar im umzäunten Schlosspark aus Remise und Gewächshaus ein Wohnhaus. Die ehemalige *Wallfahrtskirche St. Maria und St. Pelagius* wurde 1320 erstmals urkundlich erwähnt, 1566 umgebaut und 1826 profaniert. Sie besitzt einen malerischen, efeubewachsenen Chorseitenturm mit sorgfältig gearbeiteten gotischen Portalen und schönen gotischen Maßwerkfenstern,

Die ehemalige Wallfahrtskirche St. Maria und St. Pelagius in Mauren.

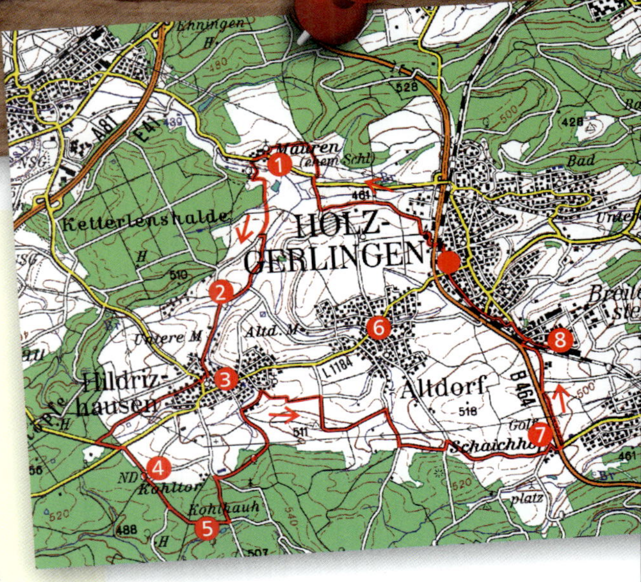

besonders im kreuzgewölbten gotischen Chor. Im früheren Chor finden manchmal noch Gottesdienste statt. Jahrhundertelang wurde am Fest des Mitpatrons Pelagius (28. August) der Pelagius- oder Boleymarkt (deutsch: Bolay = Pelagius), ein bedeutender Jahrmarkt, an der hier vorbeiführenden, sicherlich belebten alten Rheinstraße (s. Tour 12) abgehalten. In der Nähe liegt der Maurener See, der ebenso wie die in der Nähe gewachsenen Baumdenkmale (sieben Eichen, 180–380 Jahre alt; drei Silberpappeln, 180–230 Jahre alt; eine Linde, 180 Jahre alt) unter Naturschutz steht.

Wir fahren an der Kirche vorbei zur Durchgangsstraße und halten uns rechts. An einem *Fachwerkhaus* zweigen wir in Richtung »Hildrizhausen« rechts ab. Es geht steil hinab, nach dem Bach wieder hinauf. Hier sehen wir einige mächtige und knorrige alte Bäume. Oben an einem querenden Feldweg biegen wir links ab, dann gleich wieder rechts. Nach einem Rechtsbogen des Weges folgen wir mit dem Radwegschild einem Links-rechts-Knick und rollen bis zu einem mächtigen Baum, der *Oberen Linde*.

Die **Obere Linde** ❷ ist zwischen 400 und 500 Jahre alt und 17 Meter hoch. Ihr Stammumfang beträgt rund 6,80 Meter, der Stamm verzweigt sich in acht dicke Äste. Der Umfang der Krone beträgt 21 Meter.

Danach fahren wir geradeaus nach *Hildrizhausen* ❸ hinein. An einer Querstraße biegen wir rechts ab und kommen zur Durchgangsstraße. Links liegt die *Kirche*.

Obere Linde bei Hildrizhausen.

Wir biegen aber links ab und kommen zum *Parkplatz am Kohltor*. Hier biegen wir noch im Wald rechts ab und halten uns nach der Schranke links. Es geht vorbei an der *Häußermanneiche*, dann verlassen wir nach einem Linksknick den Wald und rollen auf *Hildrizhausen* zu.

Wir biegen rechts, dann gleich wieder links in die Falkentorallee ab. Nun radeln wir durch Streuobstwiesen leicht ansteigend bis zum Waldrand und in ihn hinein. An einer querenden Landstraße biegen wir links ab und kommen zu einer Kreuzung. Hier steht das *Stellenhäusle*. Wir fahren an ihm vorbei bis zur *Johannes-Konath-Eiche*.

Die **Johannes-Konath-Eiche** 4 erinnert an den ehemaligen Waldschütz und Waldmeister der Gemeinde Hildrizhausen, einen geachteten, großen und bärenstarken Mann (1907–1970).

Wir behalten unsere Richtung bei und kommen in den Wald. An der *Verzweigung* nach der *Schranke* nehmen wir den linken Weg. An der nächsten *Kreuzung* knickt unser Weg etwas links ab und bringt uns zu einer weiteren *Kreuzung*. Hier liegt rechts der idyllische *Kohlhauweiher* 5, der zu einer Rast lockt.

Nach der *Schönbuchschule* biegen wir rechts ab in die Straße »Im Sommerfeld«. Vor den Häusern zweigen wir scharf rechts ab. Der Weg zieht erst nach links, dann beschreibt er einen Rechts-links-Knick. Nun radeln wir bis zu einer *Kreuzung*. Hier biegen wir rechts ab. Vor den *Elektroleitungen* stoßen wir auf einen querenden Weg. Er bringt uns nach links zu der Zufahrtsstraße zu den *Sportplätzen* von *Altdorf* 6 (s. Tour 9).

Wir biegen rechts und direkt vor dem ersten *Sportplatz* links ab. An einem in den Wald führenden Querweg orientieren wir uns erst links, dann gleich rechts und fahren zum *Schaichhof*.

Der **Schaichhof** 7 liegt an der B 464 Böblingen–Walddorfhäslach auf einer fruchtbaren Liasebene. Er gehörte im 15. Jahrhundert der Hildrizhausener Frühmesse. 1552 wurde das Anwesen im Forstlagerbuch noch »Schaiachhof« genannt. Der Hof hatte besondere Gerechtigkeiten (Berechtigungen). Als Gegenleistung musste er bei herrschaftlichen Jagden als Stützpunkt und Hundelege dienen. Das Gutshaus ist von 1771; zusammen mit den Wirtschaftsgebäuden aus dem 19. Jahrhundert bildet es eine ausgedehnte Vierflügelanlage. Das 110 ha große, 1824 von der königlichen Hofdomänenkammer (heute Württembergische Hofkammer) erworbene Gut war lange Zeit ein Mustergut und im 19. Jahrhundert bekannt für Obstzucht (1840 gab es 1000 Kern- und 400 Steinobstbäume) und für Rindviehzucht. Außerdem war es Arbeitsplatz für viele Leute der umliegenden Gemeinden. Der Schaichhof wurde vor einigen Jahren in einen Golfplatz umgewandelt.

Zum Überqueren der B 464 am Schaichhof fährt man die Einfahrt zum Schaichhof hinunter und nimmt die Ampelanlage linker Hand.

Auf der anderen Seite radeln wir nach links nach Holzgerlingen. Es geht erst ein Stück parallel zur Bundesstraße, der Weg zieht aber bald rechts von der Straße weg. Nach einem *Reiterhof* kommen wir nach *Holzgerlingen*. Nun haben wir zwei Möglichkeiten: Wer die Tour hier schon beenden will, überquert die Gleise nach rechts, biegt rechts in die Max-Eyth-Straße und gleich darauf noch einmal rechts in die Robert-Bosch-Straße ab. Kurz danach erreicht man die *Haltestelle* der Schönbuchbahn *Holzgerlingen Buch* 8.

Man kann aber auch den Gleisen nach links folgen, beispielsweise weil man das Auto am Holzgerlinger Bahnhof stehen hat. Dabei wird man nach einiger Zeit nach rechts auf eine Wohnstraße geführt. Man behält aber seine Richtung bei und rollt zurück zum *Bahnhof*.

Tipps für unterwegs

Hofgut Mauren:
www.hofgut-mauren.de

Restaurant im Schaichhof:
www.gc-schoenbuch.de

Bäckerei Binder in Holzgerlingen:
www.baeckerei-binder.de

Restaurant Waldhorn in Holzgerlingen:
www.waldhorn-holzgerlingen.de

Freibad in Holzgerlingen:
www.holzgerlingen.de

Idyllischer Birkensee.

Vorbei an Gabeleiche und Birkensee

Holzgerlingen – Altdorf – Gabeleiche – Birkensee – Schnapseiche – Ochsenweiher – Schaichhof – Weil im Schönbuch

Ausgangspunkt:
Holzgerlingen (Bahnhof, Turmstraße 40), GPS-Koordinaten: 48.638629, 9.007227

Schwierigkeitsgrad: Mittel

Kurzinfo: Mit der markanten Gabeleiche, dem als Sagenplatz interessanten Eselstritt und dem idyllischen Birkensee sehen wir bei dieser Radtour einige Natursehenswürdigkeiten und erleben den Schönbuch von seiner schönsten Seite.

Empfohlene Karte:
Freizeitkarte F520 Stuttgart (LGL).

Sonstiges: Wir fahren auf asphaltierten und geschotterten Wegen. Es gibt am Bahnhof Holzgerlingen die Möglichkeit, die Akkus der Elektrofahrräder zu laden. Nähere Infos unter »www.vvs.de/e-bike-stationen«.

Öffentliche Verkehrsmittel:
Schönbuchbahn.

Fachwerkromantik in Altdorf.

Wir fahren vom *Bahnhof Holzgerlingen* aus zum nördlichen Ende des Parkplatzes und danach etwas nach rechts versetzt durch die Turmstraße. Sie zieht als Pfarrer-Martin-Thust-Weg nach links, wir unterqueren eine *Brücke* und halten uns danach rechts. Nun rollen wir nach Süden bis zur L 1184 und neben ihr nach rechts zum Ortsanfang von *Altdorf*. Wir fahren durch den Ort hindurch bis zum *Friedhof* und biegen gleich nach ihm Richtung »Rathaus« links ab in die Obere Straße.

Altdorf 1 hat, außer der Kirche noch einige sehenswerte alte Fachwerkhäuser aufzuweisen, vor allem um Kirche und Rathaus sieht man ein idyllisches Ensemble. Die 1275 erstmals genannte *Pfarrkirche* steht innerhalb der früheren, ungewöhnlich hohen Wehrmauer mit zwei Rundbogentoren von 1695. Am Nordostturm sieht man zwei eingehauene Masken. Der *Pfarrhof* (1600) ist ein teils verputzter Fachwerkbau und steht am Platz der früheren Burg der Herren von Altdorf.

Vor dem *Rathaus* und der Kirche zieht die Straße nach rechts, danach halten wir uns links in die Schaichhofstraße. Nun fahren wir an der *Kirche* vorbei und biegen nach ihr rechts ab in die Milchstraße. An der querenden Laienstraße orientieren wir uns links und verlassen Altdorf.

Wir fahren an den *Sportplätzen* vorbei und kommen in den *Wald*.

An einem querenden Weg biegen wir rechts ab und machen einen Abstecher zum *Eselstritt* und zur *Gabeleiche*.

Die natürlichen Bodenvertiefungen im Liassandstein wurden früher als Abdrücke von Eselstritten interpretiert und der Volkssage nach soll hier am **Eselstritt** Jesus auf einem Esel geritten sein. Um die Stelle genau zu bezeichnen, hat 1840 der Bebenhausener Oberförster Vogelmann eine Sandsteinplatte mit einer eingemeißelten Eselsfährte setzen lassen. Daneben befindet sich die **Eselstrittlinde**. Der Eselstritt ist bereits auf der Gadnerkarte als Besonderheit eingezeichnet. Dahinter steht die **Gabeleiche** 2. Die über 380 Jahre alte Traubeneiche besitzt einen Stammumfang von ungefähr 4,50 Meter. Sie ist rund 27 Meter hoch und hat einen Kronenumfang von etwa 21 Meter. In etwa vier Meter Höhe gabelt sich der Stamm in zwei Teile. Hier führte auch die alte Rheinstraße, die Via Rheni (s. Tour 12), vorbei.

Danach drehen wir um und rollen wieder zurück. Wir folgen dem Weg bis zum querenden Weinweg. Auf ihm fahren wir nach rechts in den abgezäunten Bereich des Naturparks hinein. Bald biegen wir links ab in den Brombergebeneweg. Nach einiger Zeit weist uns ein Schild nach rechts zum »Birkensee«; hier müssen wir unser Rad abstellen und zu Fuß weitergehen.

Der **Birkensee** 3 ist ein Naturdenkmal mit für den Schönbuch seltenen Pflanzengesellschaften. Dieser fast verlandete Hochmoor-See liegt auf dem höchsten Punkt des Schönbuchs, der 583 Meter ho-

Pfarrhaus in Altdorf.

hen Brombergebene und entstand erst Anfang des 19. Jahrhunderts auf der Sohle eines aufgelassenen Rhätsandsteinbruchs. Ein »Birckensee« ist allerdings bereits auf der Gadnerkarte von 1592 vermerkt und im Jahr 1667 wird er als teilweise sumpfige Viehweide von Altdorf erwähnt. Er entstand wie die sumpfige Umgebung, als die darunterliegende Gesteinsschicht wegen der Kalkarmut durch natürliche Verkittung (Ortsteinbildung) wasserundurchlässig wurde. Viele der früher hier nachgewiesenen seltenen Sumpf- und Moorgewächse sind heute leider verschwunden. Der Bereich um den Birkensee gehört aber immer noch zu den pflanzenkundlich interessantesten Gebieten des Schönbuchs. Die Flora hat hier Schwarzwaldcharakter. Zu finden sind Roter Fingerhut, Besenginster, Adlerfarn, Sonnentau, das breit- und das schmalblättrige Wollgras, die Heide- und die Prachtnelke, Bärlapp und Heidelbeeren. Zur Idylle tragen auch die Namen gebenden Birken bei, die um den See wachsen.

Nach dem See folgen wir dem Forstweg weiter. Er zieht nach einiger Zeit nach links und bringt uns zu einer Art Verkehrsdreieck, wo scharf rechts der »Steinige Weg« abgeht. Bald erreichen wir die *Schnapseiche*, wo es einen Picknickplatz mit Tisch und Bank gibt. Auch ein Mammutbaum steht inmitten der kleinen Lichtung.

Für den Namen der **Schnapseiche** 4 gibt es zwei Deutungen: Nach der einen brachten die Bauern aus der Schönbuchlichtung zwischen Altdorf/Holzgerlingen und Böblingen ihr Korn zu diesem Platz. Hier wurde es von Brennern aus dem Albvorland und der Tübinger Gegend gegen Schnaps eingetauscht. Einer anderen Version zufolge erhielten hier die fronpflichtigen Bauern bei Treibjagden der württembergischen Herrscher einen Schnaps zum Aufwärmen. An dieser Stelle wurde auch auf dem Weg von Bebenhausen zum Schaichhof gewöhnlich »kalte Küche« gehalten. Nahebei gibt es einen Grabhügel aus der Hallstattzeit und einen römischen Töpferofen. Hier wurden einfache Gebrauchswaren gefertigt, zum Beispiel flache Soldatenessnäpfe. Die heutige Schnapseiche ist ein jüngerer Baum.

Wir biegen links ab in die Schnapsallee und fahren sanft abwärts bis zum querenden Saufangweg. Wir halten uns links, werden aber nach einiger Zeit nach rechts zum »Ochsenweiher« verwiesen. Dieser *Weiher* 5 liegt gleich links des Weges. Nach ihm biegen wir an dem querenden Weg links ab.

Nun steigt es eine Weile sanft an, dann knickt der Weg scharf rechts ab und wir kommen durch das *Wildgatter*. Danach stoßen wir auf das *Franzensträßchen*. Wir biegen links ab und fahren auf diesem Zufahrtssträßchen zum *Parkplatz* vor dem Schaichhof. Hier zieht der Weg nach rechts und bringt uns zum *Schaichhof* 6 (s. Tour 8).

Zum Überqueren der B 464 am Schaichhof fährt man die Einfahrt zum Schaichhof hinunter und nimmt die Ampelanlage linker Hand. Danach fahren wir geradeaus in Richtung »Weil im Schönbuch« weiter. Links liegt bald die Haltestelle der *Schönbuchbahn Weil im Schönbuch Troppel*.

Tipps für unterwegs

Restaurant im Schaichhof:
www.gc-schoenbuch.de

Heimatmuseum in Holzgerlingen:
www.heimatmuseum-holzgerlingen.de

Käsmacher (Ziegenhaltung, Hofladen) in Weil im Schönbuch:
www.die-kaesmacher.de

Schönbuch-Imkerei in Weil im Schönbuch:
www.schoenbuchimkerei-loeffler.de

Imkerei in Altdorf (Selbstbedienungsstand):
www.unser-laedle.de

Malerische Landschaft entlang der Strecke.

Durch den Stadtwald nach Herrenberg

Holzgerlingen – Altdorf – Hildrizhausen – Waldfriedhof – Herrenberg

20 km

2,5 h

100 m

Waldfriedhof, Herrenberg

Ausgangspunkt:
Holzgerlingen (Haltestelle Buch der Schönbuchbahn, Robert-Bosch-Straße 6), GPS-Koordinaten: 48.628402, 9.019806

Schwierigkeitsgrad: Mittel

Kurzinfo: Höhenunterschiede beschert uns diese Radtour kaum. Dafür radeln wir erst quer durch die Holzgerlinger Platte, eine landwirtschaftlich genutzte Freifläche im Waldgebiet des Schönbuchs, kommen an ein paar Orten vorbei und fahren ab dem Herrenberger Waldfriedhof hinab nach Herrenberg. Dort können wir den Tag im idyllischen Zentrum der Fachwerkstadt ausklingen lassen.

Empfohlene Karte: Freizeitkarte F520 Stuttgart (LGL).

Sonstiges: Wir fahren auf festen Schotter- und Asphaltwegen. Es gibt am Bahnhof Holzgerlingen die Möglichkeit, die Akkus der Elektrofahrräder zu laden. Nähere Infos unter »www.vvs.de/e-bike-stationen«. Zum Aufladen der Akkus in Herrenberg gibt es eine Ladestation im Ringhotel Gasthof Hasen, Hasenplatz 6.

Öffentliche Verkehrsmittel: Schönbuchbahn, S-Bahn.

Wir beginnen unseren Ausflug in Holzgerlingen, in dem wir einige historische Gebäude – und sogar ein kleines Schloss – ansehen können.

Die monumentale spätgotische *ev. Pfarrkirche St. Mauritius*, eine ehemalige Wehrkirche, in **Holzgerlingen,** wurde schon als »typisch altwürttembergischer spätgotischer Bau« und das »schönste Dorfkirchenbild unserer Landschaft« betitelt. Links vom Chor sieht man ein Renaissance-Stifterbild mit sehenswertem Ornament. Erwähnenswert sind auch die gemalten und steinernen Epitaphien in Chor und Schiff aus dem 17./18. Jahrhundert. Südlich des Kirchturms ist in die Kirchhofmauer ein tonnengewölbtes »Beinhaus« (1481) eingebaut. Das ev. Pfarrhaus (16. Jh.) ist wohl ein Teil der früheren Burg der Ortsherren und von einer Mauer umgeben, die früher an die Kirchhofmauer stieß. Die *Wasserburg Kalteneck* (Schlossstraße 25) ist vollständig von einem Wassergraben umgeben. 1007 wurde sie in einer Schenkungsurkunde König Heinrichs II. an das Bistum Bamberg erwähnt. Die gotischen Fundamente und der Fachwerkbau stammen aus der Zeit um 1360. Heute dient die Burg als Veranstaltungsort für Konzerte und Kleinkunst.

Baumgruppe auf dem Weg zum Schlossberg.

Von der Haltestelle der Schönbuchbahn *Holzgerlingen Buch* fahren wir in der Robert-Bosch-Straße in Richtung Ort, biegen dann links in die Max-Eyth-Straße ab und überqueren die Gleise und gleich danach die B 464.

Nun radeln wir etwas nach Südwesten, halten uns am nächsten Querweg rechts und kurz darauf an der Verzweigung links. Jetzt führt uns der Weg mit weiten Kurven

Figurengruppe in Hildrizhausen.

zum Ortsrand von *Altdorf* 1 (s. Tour 9). Hier halten wir uns links in den Weilemer Weg. Er bringt uns zur querenden Schaichhofstraße. Wir biegen rechts, dann gleich links ab in die Milchstraße. Auf ihr fahren wir hinab zur Laienstraße.

Etwas nach links versetzt folgen wir mit dem Radwegschild dem aus dem Ort hinaus führenden Riedwiesenweg.

Er knickt bald rechts ab, dann fahren wir mit einem Rechts-links-Knick bis vor die Häuser von *Hildrizhausen*. Dort zweigen wir links ab und rollen in der Straße »Im Sommerfeld« zur *Schönbuchschule*. Hier biegen wir rechts ab in die Tübinger Straße. Sie bringt uns zur Durchgangsstraße (Herrenberger Straße). Auf der anderen Straßenseite fahren wir in der Hundsrückenstraße, bis es nicht mehr weitergeht, dann folgen wir der Hölderlinstraße nach rechts bis zur querenden Ehninger Straße. Hier befinden wir uns auch im sehenswerten Zentrum von Hildrizhausen.

Die Anfänge des um 1100 im Hirsauer Kodex erwähnten **Hildrizhausen** 2 gehen ins 7./8. Jahrhundert zurück. Später war das Dorf Mittelpunkt der Herrschaft der Grafen von Hildrizhausen – bis zum Ende des 11. Jahrhunderts führten diese sogar den Markgrafentitel. Im 12. Jahrhundert kam Hildrizhausen an die Herren von Hohenstaufen, als die alten Besitzer im Mannesstamm ausstarben. Die nächsten Herrscher waren die Pfalzgrafen von Tübingen, und von diesen kam Hildrizhausen 1382 zusammen mit Herrenberg an das Haus Württemberg. Die 1275 erstmals erwähnte *ev. Pfarrkirche St. Nikomedes* mit ihrem wuchtigen, hochgotischen Südturm steht erhöht im befestigten Kirchhof, vielleicht anstelle einer ehemaligen Burg. Die ehemalige Wehrkirche besitzt eine teilweise

Grenzstein mit der dreilatzigen Fahne der Pfalzgrafen von Tübingen.

Ein Großteil der Tour verläuft im dichten Wald.

Unten: Damwildgehege beim Herrenberger Waldfriedhof.

erneuerte Bruchsteinmauer mit Rundbogentor und ist als romanische Pfeilerbasilika eine der wenigen Kirchen dieser Zeit in der Gegend. Sie zählt wohl zu den ältesten Sakralbauten in Süddeutschland. Im 13. bis 15. Jahrhundert war sie wahrscheinlich mit einem kleinen Chorherrenstift verbunden. Der Chor besitzt ein Netzgewölbe mit reich figurierten Schlusssteinen; er wurde schon als »der beste spätgotische Dorfkirchenraum im Schönbuch« bezeichnet. Das schöne Chorgestühl stammt von Heinrich Schickhardt (1529), der Kanzeldeckel wurde 1589 geschaffen. Sehenswert sind noch der romanische Taufstein, das Kruzifix (16. Jh.) und der spätbarocke Orgelprospekt. Das ursprünglich romanische Südportal besitzt einen eingestellten Spitzbogen. Daneben ist ein Tympanon eingemauert. Der ehemalige Wehrturm aus dem 13. Jahrhundert hat ein kreuzgewölbtes Erdgeschoss. Um die Kirche findet man den reizvollen historischen Ortskern mit zahlreichen, teilweise unter Denkmalschutz stehenden Fachwerkhäusern (16.–19. Jh.), manche mit verzierten Giebeln (beispielsweise Hölderlinstraße 48). So steht an der Nordseite der starken Bruchstein-Kirchhofmauer, die noch an den ehemaligen Wehrzweck erinnert, ein 1500 als Kaplanerei errichtetes, seit Mitte des 16. Jahrhunderts als Schule und Lehrerwohnung genutztes Fachwerkhaus, Kirchgasse 7. Weitere schöne Fachwerkhäuser befinden sich in der Ehninger Straße (Nr. 5, Nr. 6 von 1686, Nr. 15 mit Brennhäuschen, Nr. 17. Nr. 21 ist das ehemalige Revierförsterhaus, 1650). Das *ev. Pfarrhaus*, ein Sichtfachwerkbau, wurde 1610 von Heinrich Schickhardt gebaut (Hölderlinstraße 12). Das einstige *Rathaus*, Hölderlinstraße 7, stammt aus dem frühen 18. Jahrhundert. Es besitzt ein Krüppelwalmdach, einen Dachreiter und eine hölzerne Außentreppe.

Etwas nach rechts versetzt, fahren wir in der Falkentorstraße aus dem Ort hinaus. Es geht durch Streuobstwiesen zum Wald und in ihn hinein. Wir queren die K 1045, rollen an *Sportplätzen* vorbei und weiter bis zu einem querenden Weg. Hier biegen wir links ab, überqueren die L 1184 und fahren im Fuchsweg noch kurz weiter zu einem querenden Weg.

Nach rechts bringt er uns zum querenden Streitweg. Wir biegen rechts ab und fahren, vorbei an zwei alten *Grenzsteinen*, zu einem *Parkplatz* vor der Landstraße. An dessen Anfang biegen wir links ab. Am nächsten Querweg halten wir uns rechts, kurz danach an der *Kreuzung* links. Gleich darauf, an der großen Wiese des *Wildgeheges*, biegen wir rechts ab. Vorbei am Herrenberger *Waldfriedhof* 3 kommen wir zur L 1184. Hinter ihr liegt das *Naturfreundehaus*, in dem man einkehren kann.

Noch vor ihm biegen wir links ab in Richtung »Jahnhütte«. Wir kommen an dieser *Hütte* und dem *Waldseilgarten* vorbei, danach fällt der Weg ab. Nach einem *Bunten-Mergel-Aufschluss* folgen wir dem Weg nach links und kommen zur L 1184. Auf ihr fahren wir kurz abwärts, dann biegen wir links ab. Gleich darauf halten wir uns rechts. Nun können wir es parallel, später auf der Hildrizhauser Straße hinab nach *Herrenberg* rollen lassen.

An der querenden B 28 (Tübinger Straße) orientieren wir uns rechts.

Kurz darauf biegen wir mit dieser Straße rechts ab. An der Verzweigung mit der rechts weiterführenden Wilhelmstraße fahren wir in der Tübinger Straße nach links zum *Marktplatz*. Jetzt sind wir im Zentrum 4 der Fachwerkstadt, wo wir uns umsehen oder einkehren können (weitere Informationen zu Herrenberg siehe Tour 11).

Danach fahren wir vom Marktplatz aus die Bronngasse hinab zur B 28. Nun unterqueren wir die Bundesstraße in einer Unterführung. Ab hier sehen wir auch Schilder, die zur »S-Bahn« weisen. Wir folgen nach der Unterführung erst der Horber Straße, dann der rechts abzweigenden Bahnhofstraße zum *Bahnhof*.

Tipps für unterwegs

Holzweg Holzgerlingen:
www.holzgerlingen.de

Bienenlehrpfad in Herrenberg:
www.herrenberg.de

Waldseilgarten Herrenberg:
www.waldseilgarten-herrenberg.de

Downhillstrecke bei Herrenberg (anspruchsvolle rund 500 Meter lange Strecke mit vielen Steilkurven und Rampen):
www.radsport.vfl-herrenberg.de
www.stuttgart-tourist.de

Historische Gips- und Sandmühle in Rohrau (geöffnet am letzten Sonntag im Monat):
www.rohrau.de

Naturfreibad in Herrenberg:
www.naturfreibad.herrenberg.de

Hallenbad in Herrenberg:
www.herrenberg.de

Frühlingsblick vom Mönchberger Sattel nach Herrenberg.

Hinab ins Kayher Tal

Holzgerlingen – Hildrizhausen – Neue Brücke – Mönchberger Sattel – Mönchberg – Herrenberg

Ausgangspunkt:
Holzgerlingen (Bahnhof, Turmstraße 40), GPS-Koordinaten: 48.638629, 9.007227

21 km

2 h

150 m

Mönchberger Sattel, Herrenberg

Schwierigkeitsgrad: Mittel

Kurzinfo: Wir fahren erst ein Stück durch die Felder der Holzgerlinger Platte, dann tauchen wir ein in den Schönbuch, wo wir einen recht ursprünglichen Wald erleben. Zuerst können wir es ein gutes Stück abwärts rollen lassen. Ab der Neuen Brücke steigt es wieder etwas an zum Mönchberger Sattel. Ab hier radeln wir durch die Baumwiesen, was insbesondere im Frühjahr zur Zeit der Blüte ein herrliches Erlebnis ist.

Empfohlene Karte: Freizeitkarte F523 Tübingen Reutlingen (LGL).

Sonstiges: Wir fahren auf Schotter- und asphaltierten Wegen. Es gibt am Bahnhof Holzgerlingen die Möglichkeit, die Akkus der Elektrofahrräder zu laden. Nähere Infos unter »www.vvs.de/e-bike-stationen«. Zum Aufladen der Akkus in Herrenberg gibt es eine Ladestation im Ringhotel Gasthof Hasen, Hasenplatz 6.

Grillmöglichkeiten:
Hahnenbühl, Neue Brücke.

Öffentliche Verkehrsmittel:
Schönbuchbahn, S-Bahn.

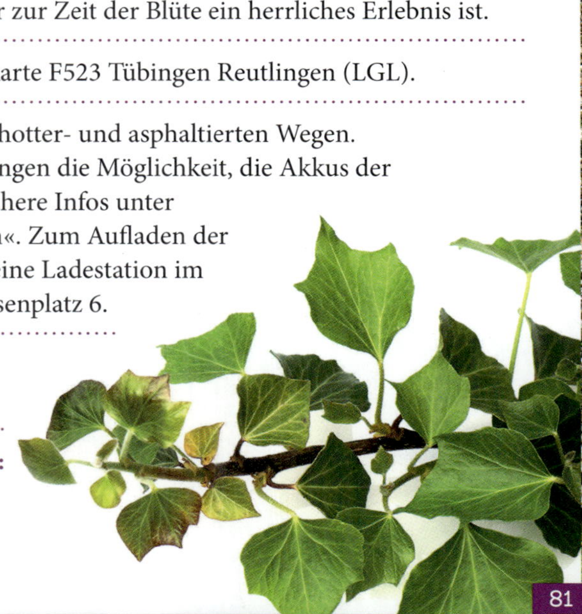

Wir fahren vom *Bahnhof Holzgerlingen* aus zum nördlichen Ende des Parkplatzes und danach etwas nach rechts versetzt durch die Turmstraße. Sie zieht als Pfarrer-Martin-Thust-Weg nach links, wir unterqueren eine *Brücke* und halten uns danach links. Nun rollen wir nach Süden bis zur L 1184 und neben ihr nach rechts zum Ortsanfang von *Altdorf* (s. Tour 9). Wir fahren durch den Ort hindurch bis zum *Friedhof* und biegen gleich nach ihm Richtung »Rathaus« links ab in die Obere Straße.

Sie knickt vor dem *Rathaus* und der *Kirche* 1 rechts ab und geht in die Laienstraße über. Diese knickt gleich darauf links ab. Nach Haus Nr. 18 biegen wir rechts ab und verlassen den Ort. Nun fahren wir durch die Felder. An einem Querweg halten wir uns links, dann rechts. Danach radeln wir mit einem Rechts-links-Knick zu den ersten Häusern von *Hildrizhausen* 2 (s. Tour 10). Dort biegen wir scharf links ab und fahren zur *Schönbuchschule*. Nach ihr orientieren wir uns links, gleich darauf rechts.

Nach dem *Friedhof* halten wir uns links. Kurz darauf biegen wir mit dem Radwegschild und dem Wanderzeichen des Albvereins rechts ab und kommen zum *Waldrand*, wo rechts die mächtige *Johannes-Konath-Eiche* 3 (s. Tour 8) steht.

Hier fahren wir nach links in den Wald. Nach der Schranke orientieren wir uns rechts in den Mähdertalweg.

Wir rollen nun eine Zeit lang abwärts, vorbei an der *Prinz-Friedrich-Eiche* und dem Rast- und *Grillplatz Hahnenbühl*. Nach einer scharfen Rechtskurve mündet von rechts ein anderer Weg ein, wir fahren aber geradeaus weiter, nun aber eben. Vorerst halten wir uns immer an die Beschilderungen »Lindachspitzhütte« und »Neue Brücke«. An der *Lindachspitzhütte* 4 zieht der Weg nach rechts. Kurz darauf an der Neuen Brücke biegen wir in Richtung »Mönchberg« rechts ab.

Nun fahren wir eine Weile relativ eben durch das *Kayher Tal* 5. Wo rechts das Sommertal in Richtung »Herrenberger Waldfriedhof« abzweigt, nehmen wir den linken Weg. Gleich darauf liegt rechts ein idyllischer *Weiher*; hier kann man vor dem letzten Anstieg noch einmal eine Pause machen. Danach steigt der Weg sanft an bis zum *Mönchberger Sattel* 6.

Herrenberg: Fachwerkherrlichkeit und Stiftskirche.

Am **Mönchberger Sattel** sieht man einen interessanten, etwa 10 Meter mächtigen, geologischen Bunter-Mergel-Aufschluss aus rotem und grünem Tonmergel. Er ist seit 1982 als Naturdenkmal ausgewiesen.

Danach geht es steil hinab in Richtung Mönchberg, nun mit einem schönen Blick über das Gäu und nach Herrenberg.

An ein paar *Scheunen* biegen wir rechts ab. Der Weg zieht gleich darauf nach links und wir kommen nach *Mönchberg* 7 hinein. Dort biegen wir rechts ab in die Greutäckerstraße, die uns geradeaus aus dem Ort führt. Erst fällt es steil ab, danach steigt es wieder etwas an.

Das Schiff der 1491 erstmals genannten, ev. *Michaelskirche* in **Mönchberg** wurde 1749 abgebrochen, über dem Klosterkeller er-

richtete man einen einfachen Saalbau mit Rundbogenfenstern und Walmdach aus Bruchstein und mit Schießscharten. Der 1100 erbaute romanische Chorturm ist heute frei stehend in der Art eines Campanile und mit Fachwerk-Aufsatz (etwa 1648) versehen – er allein blieb noch von einer großen Anlage des Hirsauer Klosters übrig. Sehenswert sind auch das *Fachwerk-Rathaus* (1824) in Untermönchberg, das *Back- und Waaghaus*, zwei Brunnen aus dem 19. Jahrhundert sowie einige verputzte Fachwerkhäuser aus dem 17. und 18. Jahrhundert. Am Ortsende (Richtung Schönbuch) liegt eine Scillawiese (Blaustern) – eine Seltenheit im Schönbuch.

Bald unterqueren wir die *Autobahn*. An der Querstraße gleich danach biegen wir links ab, fahren an der steinernen *Schutzhütte* vorbei und kommen vor die *B 28*. Vor ihr orientieren wir uns rechts und rollen auf dem Radweg bis zur Stadtgrenze von *Herrenberg*, danach auf der Tübinger Straße in die Stadt hinein.

Wir folgen bald der rechts abknickenden Tübinger Straße. An der Verzweigung mit der rechts weiterführenden Wilhelmstraße radeln wir in der Tübinger Straße nach links zum *Marktplatz*. Jetzt sind wir im Zentrum 8 der Fachwerkstadt, wo wir uns umsehen oder einkehren können.

Baumblüte im Ammertal.

Danach fahren wir vom *Marktplatz* aus in der Bronngasse hinab zur B 28. Hier unterqueren wir die Bundesstraße in einer Unterführung. Ab hier sehen wir auch Schilder, die zur »S-Bahn« weisen. Wir folgen nach der Unterführung erst der Horber Straße, dann der rechts abzweigenden Bahnhofstraße zum *Bahnhof*.

Wir können uns aber auch diese interessante Stadt noch etwas genauer ansehen.

Herrenberg, eines der schönsten Beispiele mittelalterlichen Städtebaus, ist eine jener Städte, die ein einprägsames und unverwechselbares Stadtbild haben. Wer die Stadt besucht, kann die Meinung der Oberamtsbeschreibung, dass die Gebäude mit wenigen Ausnahmen »meist unansehnlich sind«, sicherlich nicht teilen. Seit 1382

Marktplatz von Herrenberg.

Mächtige Fachwerkhäuser in Herrenberg.

ist Herrenberg württembergische Amtsstadt. 1983 wurde die Altstadt als Gesamtanlage unter Denkmalschutz gestellt. Das Wahrzeichen Herrenbergs ist die *Stiftskirche »Unserer Lieben Frau«*, die »Glucke im Gäu« genannt. Sie ist die älteste gotische Hallenkirche Schwabens. Das Chorgestühl wurde von Heinrich Schickhardt geschaffen. Im Turm befindet sich Süddeutschlands größtes läutbares Glockenmuseum, mit Glocken ab dem 12. Jahrhundert. Sehenswert sind auch die Reste der ehemaligen Stadtmauer, die sich bis auf den Schlossberg hochziehen. Das Hagtor (16. Jh.) ist der einzige erhaltene Torturm der wohl um 1200 bis 1270 mit der Stadtgründung erbauten ehemaligen Stadtmauer. Der 1276 erstmals erwähnte Marktplatz, einer der schönsten Württembergs, ist von stattlichen, hochgiebeligen Fachwerkhäusern umgeben. In der Mitte steht ein schöner Marktbrunnen. Eines der markantesten Gebäude der Stadt ist der 1683/84 errichtete fünfgeschossige *Stiftsfruchtkasten* mit seinem reich ornamentierten Fachwerk. Am besten lässt man sich in den vom Marktplatz abgehenden Gassen einfach etwas treiben.

Tipps für unterwegs

Gasthof Hasen in Herrenberg:
www.hasen.de

Geocoaching in Hildrizhausen:
www.hildrizhausen.de

Mönchberger Streuobst-Erlebnisweg:
www.streuobsterlebnis.mitmachstadt-herrenberg.de

Herrenberger Stadtführungen:
www.erlebnis-herrenberg.de

Herrenberger Stiftskirche und Glockenmuseum
www.glockenmuseum-stiftskirche-herrenberg.de

Downhillstrecke bei Herrenberg (anspruchsvolle rund 500 Meter lange Strecke mit vielen Steilkurven und Rampen):
www.radsport.vfl-herrenberg.de
www.stuttgart-tourist.de

Freibad in Hildrizhausen:
www.hildrizhausen.de

Naturfreibad in Herrenberg:
www.naturfreibad.herrenberg.de

Hallenbad in Herrenberg:
www.herrenberg.de

Auch in kleinen Weihern blühen im Sommer Seerosen.

Touren im östlichen Schönbuch

Quirliges Tübingen.

Tour 12

Auf dem Böblinger Sträßle nach Tübingen

Dettenhausen – Weißer Stein – Bebenhausen – Lustnau – Tübingen

Ausgangspunkt:
Dettenhausen (Bahnhof, Bahnhofstraße 20), GPS-Koordinaten: 48.606312, 9.094585

Schwierigkeitsgrad: Mittel

Kurzinfo: Große Höhenunterschiede haben wir bei dieser Tour nicht zu überwinden, die von der Freifläche bei Dettenhausen durch ein schönes Stück Schönbuch, dann entlang des Goldersbaches und des Neckars in die Tübinger Innenstadt führt. Hier kann man die Fachwerk-Atmosphäre der quirligen Studentenstadt genießen, bevor man am Westbahnhof wieder in die Bahn einsteigt.

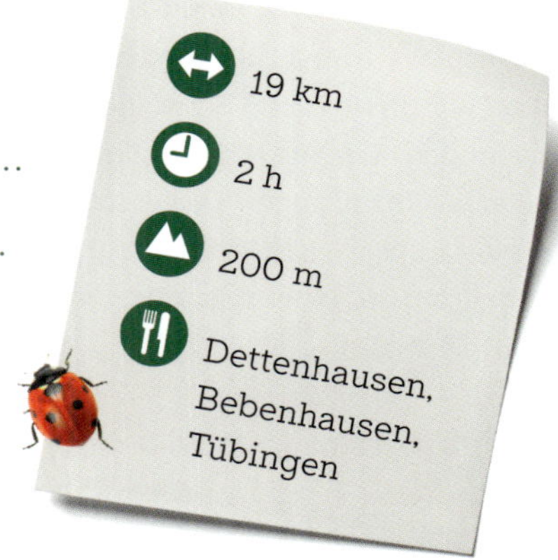

Empfohlene Karte: Freizeitkarte F523 Tübingen Reutlingen (LGL).

Sonstiges: Wir fahren auf geschotterten und asphaltierten Wegen. Zum Aufladen der Akkus von Elektrofahrrädern innerhalb Tübingens erhalten Sie hier weitere Informationen: »www.tuebingen.de/mobil/stadtplan/e-bike-ladestationen«.

Öffentliche Verkehrsmittel:
Schönbuchbahn, Ammertalbahn, Bahn.

Wir starten an der Endstation der Schönbuchbahn. Auf der Südseite der Gleise fahren wir in der Rosenstraße aus dem Ort hinaus und durch die Wiesen zum Waldrand. Dort geht es kurz in den Wald hinein, dann biegen wir rechts ab und rollen durch den Wald in Richtung »Weil im Schönbuch«. Nach dem Wald kommen wir zum Gelände der *Kleintierzüchter;* dort biegen wir links ab. Gleich darauf halten wir uns an der Verzweigung links in den Asphaltweg. Kurz danach biegen wir im rechten Winkel rechts ab und fahren zwischen eingezäunten Kleingärten auf einem Schotterweg hinauf zum Wald.

Wir durchqueren den Wald und kommen zur *B 464.* Ein paar Meter weiter rechts nehmen wir den auf der anderen Seite abgehenden Forstweg in Richtung »Bebenhausen«. Hier befindet sich der Wanderparkplatz *Weißer Stein* 1. Den Stein selbst sehen wir an der Straße. Nun rollen wir auf dem Böblinger Sträßle, der ehemaligen Via Rheni, mit leichtem Auf und Ab zur *Schlagbaumlinde.* Unterwegs kommen wir an zwei Wildgehegen vorbei. Das erste folgt gleich nach dem Wanderparkplatz. Dort lebt Rotwild. Bei der Schlagbaumlinde liegt das Damwildgehege (links bei der Tropfender-Wasen-Allee).

Seit 2014 gibt es den **Rotwilderlebnispfad** Schönbuch, der für alle Altersgruppen gleichermaßen interessant ist. Der etwa 1,5 km lange Pfad führt um das vorhandene Rotwildschaugehege. Rotwild kann dabei von fast jedem Punkt des Weges aus beobachtet werden. An insgesamt acht Stationen werden die Besucher über das Rotwild im Allgemeinen, über das Rotwild im Schönbuch und über das Spannungsfeld Mensch und Rotwild informiert. Schautafeln und interaktive Elemente zeichnen diesen interessanten Pfad aus. Ganz nebenbei wird die Frage »Ist der Hirsch der Mann vom Reh?« beantwortet.

Kloster Bebenhausen.

Unten: Marktplatz und Rathaus in Tübingen.

Die rund 200 Jahre alte **Schlagbaumlinde** 2 besitzt einen Stammumfang von über 3,50 Meter. An dieser Winterlinde verläuft eine alte Grenze, die sich bis zur Teilung des Herzogtums Württemberg in den Stuttgarter und den Uracher Teil im Jahr 1442 zurückverfolgen lässt. Daran hielten sich nach dem Zweiten Weltkrieg auch die Besatzungsmächte: Hier verlief die Grenze zwischen der französischen und der amerikanischen Zone. Heute ist hier die Regierungsbezirksgrenze zwischen Süd- und Nordwürttemberg sowie die Kreisgrenze zwischen Tübingen und Böblingen.

Wir fahren weiter auf der Via Rheni zum *Brühlweiher*.

Die **Via Rheni/Rheinstraße** 3 ist eine vermutlich 2000 Jahre alte Straße, auf der vielleicht schon die Römer, später eventuell sogar Könige und Kaiser zogen. Sie führte quer durch den Schönbuch. Wahrscheinlich aber wurde sie nicht in der Römerzeit, sondern erst zur Zeit der Franken (3.–8. Jh. n. Chr.) angelegt. Als Via Rheni wurde sie 1191 anlässlich der Ausstattung des Klosters Bebenhausen erwähnt. Sie kam von Speyer her über Pforzheim, Friolzheim, Heimsheim, Malmsheim, Ihinger Hof und Dagersheim, berührte im Schönbuch Mauren, Altdorf, den Schaichhof und Bebenhausen und ging weiter bis zur Donau. Verantwortlich für den Schutz dieser wichtigen Straße waren die Pfalzgrafen von Tübingen. Bei der Anlage einer Hopfenkultur nördlich von Bebenhausen hat man römische Münzen und Bruchstücke von Gefäßen gefunden; hier könnte ein Wachposten oder eine Raststätte gewesen sein. In der er-

Am Schlemppbrunnen.

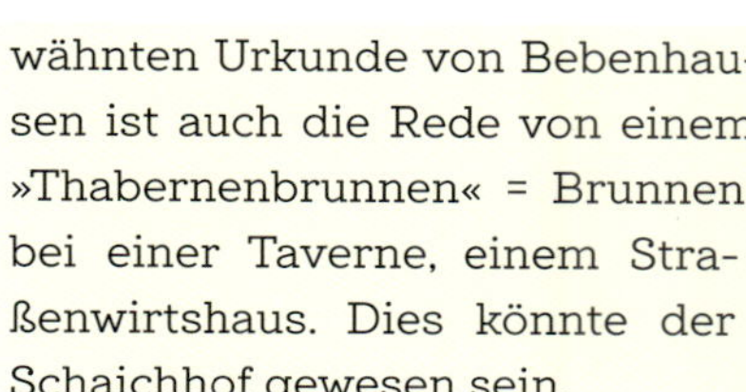

wähnten Urkunde von Bebenhausen ist auch die Rede von einem »Thabernenbrunnen« = Brunnen bei einer Taverne, einem Straßenwirtshaus. Dies könnte der Schaichhof gewesen sein.

Nach dem *Brühlweiher* geht es noch kurz weiter, bis wir an einer Kreuzung rechts das *Widenmannsdenkmal* sehen.

Das steinerne **Widenmannsdenkmal** 4 ist dem Forstpionier Wilhelm von Widenmann (1798–1844) gewidmet, der in Bebenhausen Kreisforstrat und Oberförster war. Davor hatte er als zweiter Lehrbeauftragter den forstwissenschaftlichen Lehrstuhl in Tübingen inne. Er erwarb sich bedeutende Verdienste bei der Ablösung der Holznutzungs- und Waldweiderechte und der Wiederaufforstung des Schönbuchs, zudem war er Abgeordneter in der württembergischen Ständeversammlung.

Hier biegen wir mit dem Radwegschild links ab und fahren in weiten Kurven hinab zur L 1208. Dort halten wir uns rechts und rollen neben der Straße nach *Bebenhausen* 5. Wer sich das ehemalige Kloster und das Schloss ansehen will, hält sich in der Schönbuchstraße rechts (s. Tour 4).

Ansonsten radeln wir weiter rechts der Straße auf dem Radweg, bis wir links einen *Parkplatz* sehen. Hier unterqueren wir die Straße und folgen dann dem Radweg weiter, der kurz darauf direkt neben dem *Goldersbach* weiterführt. Wir kommen bald am *Schlemppbrunnen* vorbei, der mit demselben Motiv wie früher die 50-Pfennig-Münzen verziert ist.

Der **Schlemppbrunnen** 6 wurde aus dem Rhätsandstein des Nagelschen Steinbruchs gefertigt und bewusst mit dem Motiv der einen Baum pflanzenden Frau geschmückt. Das Bäumchensetzen in der Saatschule war damals ein wichtiger Zuverdienst. Der Name des Brunnens kommt von »schlemmen« oder »schlemmpen«; dies war für die Förster wichtig, denn neu angepflanzte Bäume mussten kräftig eingeschlämmt werden, damit sie nicht austrockneten, sondern anwuchsen.

Danach sehen wir die mächtige *Hochwassersperre*, die die angrenzende Stadt vor den Hochwässern des Goldersbaches schützen soll, dann kommen wir zu einem *Spielplatz* und zu den ersten Häusern von *Lustnau* 7, dem östlichen Stadtteil der Universitätsstadt *Tübingen*.

An der *Ampel* fahren wir geradeaus weiter, nun in der Kreuzstraße. Wir folgen ihr auch dort geradeaus, wo das Radwegschild nach rechts in Richtung »Zentrum« weist. An der querenden Dorfstraße halten wir uns rechts, dann links in die Aeulestraße. Kurz darauf überqueren wir die Nürtinger Straße, danach den Bach und die Gartenstraße und kommen zum *Neckar*.

Vor ihm biegen wir rechts ab und fahren nun entlang der idyllischen Flussaue, manchmal auch etwas weiter rechts davon, und schließlich in der Gartenstraße bis zu einer Querstraße. Links liegt die berühmte *Neckarbrücke* 8, von der aus man den bekannten Blick auf die Front der alten Häuser und den Hölderlin-

turm hat. Wir behalten aber unsere Richtung bei, nun in der Neckargasse. Ab jetzt muss man das Rad durch das Zentrum von Tübingen (s. Tour 20) zwar schieben, die romantischen Gassen lohnen dies aber.

Die Neckargasse zieht nach rechts hoch zur *Stiftskirche*. Nach ihr biegen wir links ab in den Holzmarkt. Immer geradeaus gehend kommen wir zum *Marktplatz* mit dem Rathaus. Direkt vor ihm biegen wir rechts ab in die Marktgasse. An der nächsten Querstraße halten wir uns links in die Kornhausstraße, die uns zur Krummen Brücke bringt. Nach diesem Platz folgen wir der Ammergasse zum *Platz »Vor dem Haagtor«*. Nach dem Parkplatz geht rechts der Schleifmühleweg ab. Er knickt gleich links ab und bringt uns zum *Tübinger Westbahnhof*, wo wir in die Ammertalbahn einsteigen können.

Tübingen: Über allen Stocherkähnen ist Ruh.

Wer mit der Bahn zurückfahren will, hält sich vor der Neckargasse links und nach dem Neckar rechts zum *Bahnhof*.

Tipps für unterwegs

Gastwirtschaft Veschperbrettle in Dettenhausen:
www.veschperbrettle.de

Gasthof Sonne in Bebenhausen:
www.sonne-bebenhausen.de

Golddersbachklause in Bebenhausen:
www.goldersbachklause.de

Tübinger Wurstküche:
www.wurstkueche.com

»Mauganeschtle« in Tübingen:
www.hotelamschloss.de

Wochenmarkt in Tübingen:
www.tuebingen.de

Stocherkahnfahren in Tübingen:
www.tuebingen-info.de

Museum Schloss Hohentübingen:
www.unimuseum.uni-tuebingen.de

Stadtmuseum Tübingen:
www.tuebingen.de

Uhlandbad in Tübingen:
www.swtue.de

An der Sulzeiche.

Mit Albblick zur Sulzeiche

Dettenhausen – Sulzeiche – Schaichtal – Dettenhausen

Ausgangspunkt:
Dettenhausen (Bahnhof, Bahnhofstraße 20), GPS-Koordinaten: 48.606312, 9.094585

Schwierigkeitsgrad: Leicht

Kurzinfo: Einen so mächtigen Baum wie die Sulzeiche findet man selten. Auf der Fahrt zu ihr haben wir vor dem Naturdenkmal einen schönen Blick auf die »Blaue Mauer«, die lang gestreckte Kette des Albtraufs mit der Achalm im Vordergrund. Zurück fahren wir durch das idyllische Schaichtal.

Empfohlene Karte: Freizeitkarte F520 Stuttgart (LGL).

Sonstiges: Wer mit dem Auto kommt, kann in Dettenhausen am Bahnhof oder am Wanderparkplatz beim Freibad parken. Dann beginnt man mit der Fahrt zum Bahnhof. Wir fahren auf Straßen und Schotterwegen. Es gibt in Dettenhausen ein Freibad, welches im Sommer durch frisches Wasser der Mäuringsquelle gespeist wird, angenehm erwärmt auf 24 °C.

Grillmöglichkeiten:
Weißes Häusle, Schaichtal.

Öffentliche Verkehrsmittel:
Schönbuchbahn.

Wir starten an der *Endstation* der Schönbuchbahn in Dettenhausen.

Wir überqueren die Gleise auf ihrer Südseite und fahren dort in der Rosenstraße aus Dettenhausen hinaus und in die Felder. An der Waldecke folgen wir dem Weg nach links, dann nach rechts und stoßen auf den Wald. Dort biegen wir links ab und rollen zur Landstraße.

Auf ihrer anderen Seite fahren wir kurz geradeaus weiter, dann biegen wir links in die Stellestraße in Richtung »Gewerbegebiet Sauwasen« ab. Kurz danach zieht die vorfahrtsberechtigte Straße in Richtung »Sportanlagen« nach rechts. Gleich darauf biegen wir links in den »Schwarzer-Hau-Weg« ab. Es geht erst am Ortsrand entlang, dann durch den Wald.

Wir fahren mit den Wanderzeichen des Schwäbischen Albvereins (blaues Kreuz auf weißem Grund) und mit leichtem Auf und Ab immer geradeaus. Unterwegs kommen wir am sogenannten »*Weißen Häusle im schwarzen Hau*« 1 vorbei (nicht zu verwechseln mit dem Weißen Häusle am Dettenhäuser Sträßle, s. Tour 14).

Die »blaue Mauer«: der Albtrauf mit der Achalm.

Schließlich gelangen wir zum *Waldrand*, wo wir uns links halten. Nun haben wir die erwähnte Aussicht zur Schwäbischen Alb – den schönen Blick auf die »Blaue Mauer«.

Die »**Blaue Mauer**« geht auf das Märchen »Das Stuttgarter Hutzelmännlein« von Eduard Mörike aus dem Jahr 1853 zurück und wird oft erwähnt, wenn man einen schönen Blick auf die lang gestreckte Kette des Albtraufs der Schwäbischen Alb hat.

Wir fahren immer geradeaus, durch ein Waldstück, dann wieder am Waldrand entlang, bis wir bei einer *Kreuzung* auf die links stehende *Sulzeiche* treffen.

Um die **Sulzeiche** 2 befindet sich das mit 1,8 ha kleinste Naturschutzgebiet im Schönbuch – und sogar das kleinste im Landkreis Reutlingen. Der Name kommt vielleicht von einer Salzlecke für das Vieh oder von einer Suhle. Bedingt durch die vorherrschende Waldsaumgesellschaft mit trockenheitsliebender Vegetation und Magerrasen gibt es hier eine sehr artenreiche Insektenwelt. So hat man in diesem Gebiet 126 Arten

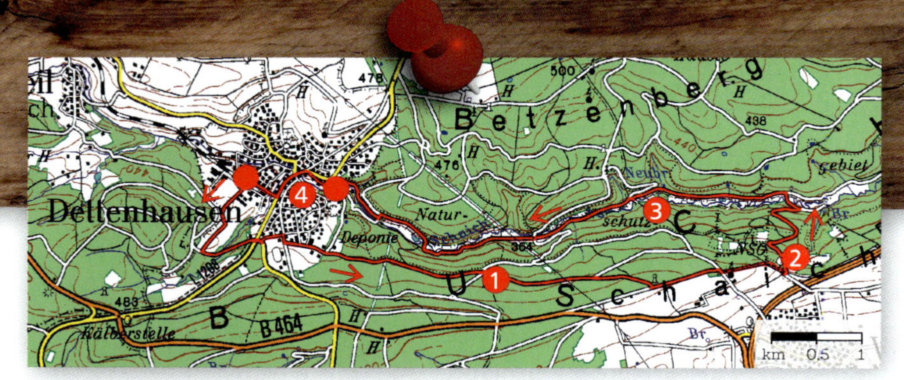

von Bienen und Wespen gezählt, 63 dieser Arten legen ihre Nester im Boden an. Für viele von ihnen ist hier der einzige Standort im Raum Tübingen/Reutlingen, und von einer Grabwespenart gibt es in ganz Baden-Württemberg nur noch einen einzigen weiteren Standort. Die Sulzeiche selbst, eine etwa 450 Jahre alte Stieleiche, ist als Naturdenkmal ausgewiesen. Sie ist rund 22 Meter hoch, ihr Stammumfang beträgt etwa 6 Meter und ihr Kronenumfang 27 Meter.

Hier biegen wir links ab und rollen im Zickzack hinab ins *Schaichtal* 3 (s. Tour 3). Dort biegen wir wieder links ab; ab jetzt können wir uns nicht mehr verirren, denn wir fahren durch das idyllische Tal bis nach *Dettenhausen* 4 (s. Tour 3). Eine Orientierung sind auch die Wanderzeichen des Schwäbischen Albvereins – der blaue und später rote Kreis auf weißem Grund. Unterwegs kommen wir an romantischen Weihern und Wasserstellen vorbei; immer wieder hat man auch einen Blick zur namensgebenden Schaich.

Das **Schaichtal** 3 (s. auch Tour 3) ist ein Refugium seltener Tierarten. Hier kann man seltene Schmetterlinge (verschiedene Tagfalter- und Widderchenarten) sehen. Außerdem findet man zahlreiche Libellenarten wie die Blauflügel-Prachtlibelle und die Gebänderte Prachtlibelle oder Fledermausarten wie den Großen Abendsegler, die Wasserfledermaus und die Zwergfledermaus. Wegen der guten Wasserqualität der Schaich leben in ihr Bachforellen, Rotfedern, Moderlieschen, Bachneunaugen und Flusskrebse.

Die Sulzeiche im Blättergewand.

Nach dem *Wanderparkplatz* – wo Autofahrer die Tour beenden können – treffen wir auf die Durchgangsstraße. Wir biegen links ab, rollen am Freibad vorbei und etwas hinauf. Dann biegen wir rechts ab in die Bahnhofstraße und kommen zur *Endstation* der Schönbuchbahn.

Tipps für unterwegs

Gastwirtschaft Veschperbrettle in Dettenhausen: www.veschperbrettle.de

Schönbuchmuseum in Dettenhausen (zu sehen sind Informationen zur Jagd, zur wirtschaftlichen Nutzung des Waldes und zum Steinhauerhandwerk): www.dettenhausen.de

Polizeimuseum in Dettenhausen: www.dettenhausen.de

Freibad in Dettenhausen: www.freibad-dettenhausen.de

Waldabteilungsstein
am Betzenberg.

Tour 14

Um den Betzenberg

Waldenbuch/Parkplatz Braunäcker – Weißes Häusle – Waldabteilungssteine – Parkplatz Waldenbuch

Ausgangspunkt:
Waldenbuch (Parkplatz Braunacker), GPS-Koordinaten: 48.617953, 9.115966

Schwierigkeitsgrad: Leicht

Kurzinfo: Diese Tour führt uns rund um den Betzenberg. Da wir fast nur auf der Höhe bleiben, bringt er auch kaum Höhenunterschiede mit sich. Dabei radeln wir ständig im Wald, kommen an einigen historisch interessanten Punkten und am Schluss noch an einem idyllischen Waldweiher vorbei.

Empfohlene Karte:
Freizeitkarte F520 Stuttgart (LGL).

Sonstiges: Wer mit der Schönbuchbahn ab Dettenhausen anfährt, gelangt zum Parkplatz wie in Tour 6 beschrieben. Die Tour verlängert sich dadurch um rund 8 km, an Höhenmetern sind es etwa 110 Meter mehr. Wir fahren auf geschotterten Waldwegen.

Grillmöglichkeiten:
Mehrere Grillplätze entlang dem Dettenhäuser Sträßle.

Öffentliche Verkehrsmittel:
Schönbuchbahn.

Wir parken ganz am Ende des Parkplatzes. Dort fahren wir mit dem Rad auf dem Dettenhäuser Sträßle nach links, vorerst am Waldrand und den Streuobstwiesen entlang. Rechts liegt bald eine keltische Riesenschanze.

Die etwa quadratische **Schanze** (sogenannte »Viereckschanze«) 1 besteht aus einem Erdwall und einem Graben. Hier befand sich im 1. Jahrhundert n. Chr. vermutlich ein Tempelbezirk, in dem vielleicht ein viereckiger Holztempel und tiefe Opferschächte lagen. Auf der Südseite befand sich ein Tor.

Rastplatz beim Parkplatz Braunäcker.

Wir fahren weiter auf dem Betzenberg am Waldrand entlang und kommen zu einer Grillstelle mit einer Naturbank. Dabei handelt es sich um eine gefällte alte Esche, in die vom Forsthof ein paar Sitzmöglichkeiten gesägt wurden. In unmittelbarer Nähe befindet sich ein mächtiger Mammutbaum mit einer Höhe von etwa 40 Metern.

Der **Betzenberg** 2 (s. auch Tour 6) ist ein in West-Ost-Richtung verlaufender, lang gestreckter und ungefähr 500 Meter hoch gelegener Höhenrücken, der zwischen dem Aichtal im Norden und dem Schaichtal im Süden liegt. Oben steht ein fast 144 Meter hoher Fernmeldeturm der Deutschen Telekom AG. Der Betzenberg weist zahlreiche Stellen früher Besiedlung auf: fünf Grabhügelgruppen aus der Hallstattzeit im Osten; bei den Braunäckern die als archäologisches Denkmal eingetragene keltische Viereckschanze; am Abhang zur Burkhardtsmühle Reste von Grabmälern; außerdem römische Funde.

Es geht am Wasserbehälter vorbei, danach erreichen wir den Wald. Wir fahren am Fernmeldeturm vorbei, dann kommen wir zu einer *Verzweigung* bei einem *Grillplatz*. Hier folgen wir dem vom Schwäbischen Albverein markierten linken Weg (Dettenhäuser Sträßle). Etwas später

steht rechts des Weges das *Weiße Häusle* ❸. Hier stehen drei gewaltige und prächtige Mammutbäume.

Ein Waldabteilungsstein.

Der auch Wellingtonie genannte **Mammutbaum** ist ein amerikanischer Gebirgsmammutbaum (Sequoiadendron giganteum). Diese Baumart wurde erst 1850 von dem Engländer Lobb in der Sierra Nevada (Kalifornien) entdeckt. Er fand dort einen Bestand von neunzig Bäumen des bis dahin unbekannten, zur Familie der Sumpfzypressen gehörenden Nadelbaumes. Die Entdeckung erregte ein derartiges Aufsehen, dass der Baum von den Engländern nach ihrem Nationalheiligen »Wellingtonia«, von den Amerikanern »Washingtonia« benannt wurde. Der lateinische Name entstand dadurch, dass man später eine Verwandtschaft zu der schon einige Jahre vorher entdeckten »Sequoia« feststellte. Der Gattungsname kommt von Se-Quo-Yah, einem Irokesen, der als Erster ein indianisches Alphabet entwickelte; er führte bei den Indianern Nordamerikas auch die Schrift ein. Die ersten Bäume kamen 1853 nach Europa. In Württemberg ließ König Wilhelm I. (»der König unter den Landwirten und der Landwirt unter den Königen«) Samen in den Kalthäusern der Wilhelma aussäen. Die Topfpflänzchen wurden im Jahre 1865 an die Staatswaldungen im Land verteilt, um zu erproben, ob dieser Baum, der schnell wächst und große Holzmengen liefert, auch in unseren Wäldern heimisch wird. Allerdings sind in dem kalten Winter 1879/80 die meisten der Bäumchen erfroren. Die verbliebenen sind nun 40 bis 50 Meter hoch und damit höher als die heimischen Baumarten. Im Schönbuch findet man einige Mammutbäume.

Kurz danach kommen wir zu einer *Verzweigung* bei einer Art Verkehrsdreieck (links »Schneewässere« und rechts »Dettenhauserweg«). Wir nehmen den rechten Weg in Richtung »Neuenhaus«.

Wir fahren nun über den Höhenrücken des Betzenbergs, schließlich bergab bis zur querenden Neuhäuserwandstraße, wo wir auch das *Waldabteilungsschild 8/8 Greutwiese* sehen. Hier halten wir uns rechts. Bald liegt rechts des Weges ein Grabhügel, danach kommt in der sogenannten *Unteren Mönchswiese* ein ehemaliger Pirschgang, zu dem man zu Fuß gehen kann.

Solche **Pirschgänge** 4 wurden im Schönbuch im 17. und 18. Jahrhundert von den württembergischen Herzögen angelegt, damit sich die Jagdgesellschaften unbeob-

Einsamer Weiher im Wald.

achtet dem Wild nähern konnten. Es handelt sich meist um in den Boden gegrabene Gänge, die an den Seiten mit Steinen abgestützt wurden. Diese Pirschgänge führten zu Brunftplätzen des Rotwildes.

Es geht an einem kleinen Haus vorbei, danach stoßen wir auf einen querenden Weg. Hier biegen wir rechts ab in Richtung »Blockhütte«. An einer *Kreuzung* sehen wir einen großen *Waldabteilungsstein*, nach ihm nehmen wir den links abgehenden Hummelsklingenweg. Links von ihm sehen wir steil hinab in diese Klinge. Nach einer Rechtskurve quert ein markierter Albvereinsweg, danach stoßen wir auf eine *Kreuzung* mit der Bezeichnung *7/53 Blockhütte*. Hier finden wir auch einen Rastplatz mit Tisch und Bänken, auch ein weiterer *Waldabteilungsstein* steht hier.

Wir fahren geradeaus weiter und kommen nach einigen Windungen zu einer *Kreuzung* mit einem *Waldabteilungsstein*. Auch hier behalten wir unsere Richtung bei. Der Weg zieht kurz darauf nach rechts, danach sehen wir rechts einen idyllischen *Waldweiher*. Kurz danach erreichen wir wieder das Dettenhäuser Sträßle. Unser *Ausgangspunkt* liegt etwas links davon.

Mächtige Bäume
begleiten die Radtour.

Durch Wald, Felder und Wiesen

Dettenhausen/Parkplatz Stadtreitereiche – Eichwasen – Jägersitz – Rotes Tor – Pfrondorf – Burgereiche – Parkplatz Dettenhausen

Ausgangspunkt:
Dettenhausen (Parkplatz Stadtreitereiche), GPS-Koordinaten: 48.590752, 9.114289

Schwierigkeitsgrad: Mittel

Kurzinfo: Einen Teil dieser Tour radeln wir durch den schattigen Wald, einen anderen zwischen Feldern und Baumwiesen. Dabei haben wir einen schönen Blick zur Schwäbischen Alb, mit der vor ihr emporragenden Achalm und über die lebhaft strukturierte landwirtschaftliche Fläche.

Empfohlene Karte:
Freizeitkarte F523 Tübingen Reutlingen (LGL).

Sonstiges:
Wir fahren auf geschotterten und asphaltierten Wegen.

Grillmöglichkeiten:
Jägersitz, Rotes Tor.

Der *Parkplatz* liegt südlich von Dettenhausen, östlich von dem Kreisverkehr an der B 464. Man erreicht ihn von Dettenhausen in Richtung Pfrondorf oder vom Kreisverkehr Kälberstelle aus.

Von dort aus fahren wir in den Wald bis zur nach links abgehenden Gspannallee; hier steht auch ein abgestorbener Baum mit dem Schild zum *Eisenbachhain*, der hier beginnt.

Das 8,3 ha große Naturschutz- und Bannwaldgebiet **Eisenbachhain** 1, gelegen nahe der Kreisgrenze Tübingen/Reutlingen, ist das älteste Naturschutzgebiet im Landkreis Tübingen und wurde bereits 1936 unter Schutz gestellt. Schon 1915 wurde die Gegend vom königlichen Oberförster Konrad Münst zum ersten Bannwald des Schönbuchs erklärt. Der Eisenbachhain entstand aus einem alten Hutewald, in dem Rinder und Schweine weideten, und bietet ein urwaldartiges Erscheinungsbild mit bis zu 300 Jahre alten Eichen, etwa 200 Jahre alten Buchen und über 100 Jahre alten Birken und einigen Hainbuchen. Der Name erinnert an den ersten Vorstand des früheren Forstamtes Bebenhausen, Forstmeister Eisenbach, der hier für seinen Sohn, den am 31. August 1914 in Frankreich gefallenen Forstamtmann und Oberleutnant Hans Eisenbach, einen Gedenkstein setzen ließ. Die Inschrift lautet: »Zum Andenken an meinen Sohn Forstamtmann u. Oberleutnant Hans Eisenbach gefallen in Frankreich am 31. August 1914 Forstmeister Eisenbach.«

Wir folgen der Gspannallee nach links. Mit leichtem Auf und Ab, vorbei an einer hölzernen *Schutzhütte*, radeln wir, bis wir auf die B 464 stoßen. Ein paar Meter weiter, unter den Überlandleitungen, biegen wir rechts ab auf den Feldweg und rollen genau auf die Kette der Albberge zu.

Sonnige Rast am Waldrand.

An der nächsten Kreuzung biegen wir links ab und fahren bis zu den *Scheunen* vor der Bundesstraße. Wir orientieren uns rechts und kommen nach leichtem Ab und Auf zu einem Querweg. Hier biegen wir links, vor den *Gebäuden* rechts ab. Der Weg zieht mit einem Rechtsbogen auf den Wald zu; jetzt sollten wir den Blick über die Baumwiesen und Felder nach rechts genießen.

Wir kommen in den *Wald* (Eichwasen), wo es im Reichenbachweg abwärts geht. Der Weg beschreibt einen weiten Linksbogen und bringt uns durch eine Lichtung, die aus einzelnen, durch Gebüsche und Bäume abgegrenzten Wiesen besteht. Danach geht es durch einen recht urtümlichen Wald weiter, bis wir auf den querenden Moosplattenweg stoßen.

Felderlandschaft südlich von Walddorfhäslach.

Auf ihm fahren wir nach rechts hinauf zum *Jägersitz* 2. Dort rollen wir auf dem Hinteren Weg nach links weiter in Richtung »Rotes Tor«. Kurz danach kommen wir an einen *Weiher* (in dem es im Sommer sehr schöne Seerosen gibt). An der nächsten Kreuzung, wo von rechts die Lindenallee einmündet, fahren wir mit einem Rechtsknick weiter und kommen zum *Roten Tor* 3.

Wir überqueren diese Zufahrtsstraße nach Einsiedel und fahren geradeaus weiter. Ein kurzer Abstecher zu dem ehemaligen Schloss lohnt sich aber, zu bestimmten Zeiten kann man dort sogar einkehren.

Das ehemalige Jagdschloss **Einsiedel** 4 wurde von Graf (später Herzog) Eberhard im Bart 1482 erbaut. In der Nähe stand einst das Stift St. Peter, hier waren zum ersten Mal in der Gegend die »Blauen Mönche« zu finden. Diesen Orden der »Brüder vom gemeinsamen Haus« hat Graf Eberhard im Bart mithilfe niederländischer Ordensbrüder im Land eingerichtet. Der Sage nach hat Graf Eberhard im Bart 1463 einen Weißdorn von seiner Pilgerfahrt nach Jerusalem mitgebracht. Allerdings war dieser bereits um 1700 am Absterben und musste von vierzig steinernen und hölzernen Säulen, auf denen drei rundherum laufende Gesimse lagen, gestützt werden. Reste der steinernen Säulen dienen heute als Füße für Tische und Sitze. Bis auf den heute noch stehenden Flügel fiel das Schloss im Mai 1619 einem Brand zum Opfer. Herzog Johann Friedrich beauftragte noch im selben Jahr Heinrich Schickhardt mit dem Wiederaufbau. Die endgültige Gestaltung der Arkadenlauben geht auf Herzog Karl Eugen zurück.

Auf der links liegenden *Lichtung* befinden sich viele Grillstellen. Nach dem Wald geht es durch Felder nach *Pfrondorf* 5. Vor dem Ortsschild biegen wir rechts ab. Der Weg knickt gleich darauf nach dem *Sportplatz* links ab und bringt uns zur Straße. Auf ihr fahren wir nach rechts bis

Blick zum Albtrauf mit der Achalm.

kurz vor die K 6912. Dort folgen wir dem Feldweg parallel zur Landstraße nach rechts zur *Zeitungseiche* (s. Tour 16) ❻.

Wir nehmen den hinter dem *Parkplatz* abgehenden Ersatzweg. Er verläuft erst eben, dann steigt es etwas an bis zur *Furtwiese/Hoher First*, danach fällt der Weg wieder. Bevor es wieder ansteigt, biegen wir rechts ab und radeln zur *Burgereiche*.

Die 350 Jahre alte **Burgereiche** ❼, mit einem Stammumfang von rund 4,80 Meter, bekam ihren Namen am 17. April 1972 nach dem 1971 gestorbenen Oberforstrat Hermann Burger, dem langjährigen Vorstand des Forstamtes Einsiedel. Sie ist rund 22 Meter hoch und ihre Krone hat einen Umfang von rund 24 Meter.

Dort biegen wir links ab und rollen durch das Naturschutzgebiet *Eisenbachhain* zurück zum Ausgangspunkt.

Tipps für unterwegs

Wanderraststätte Schloss Einsiedel:
www.schloss-einsiedel.de

Geschichtlicher Lehrpfad Einsiedel:
www.naturpark-schoenbuch.de

Auf dem Weg
zum Roten Tor.

Über den Langen Rücken

Walddorfhäslach/Parkplatz – Jägersitz – Rotes Tor – Zeitungseiche – Mauterswiese – Bebenhausen – Langer Rücken – Schwedenkreuz – Parkplatz Walddorfhäslach

Ausgangspunkt:
Walddorfhäslach (Parkplatz),
GPS-Koordinaten: 48.592269, 9.130897

Schwierigkeitsgrad: Leicht

Kurzinfo: Markante Bäume und ein altes Steinkreuz sind die Sehenswürdigkeiten dieser Radtour, die im östlichen Teil des Schönbuchs durch dichten Wald verläuft. Es gibt eine kürzere und eine längere Variante.

14 km

1,5 h

180 m

Zeitungseiche, Bebenhausen

Empfohlene Karte:
Freizeitkarte F523 Tübingen Reutlingen (LGL).

Sonstiges:
Lange Variante über Bebenhausen etwa 6 km, 70 Höhenmeter und 1 h mehr. Wir fahren auf geschotterten Wegen.

Einsame Schutzhütte mitten im Wald.

Der Parkplatz, von dem aus die Tour beschrieben ist, liegt an der nach Walddorfhäslach führenden B 464 an der Kreisgrenze südlich von Dettenhausen, wo der mit dem roten Hufeisen markierte Wanderweg quert. Alternative Ausgangspunkte sind das Rote Tor, die Zeitungseiche, die Sonntagsstelle und Bebenhausen.

Von der B 464 fahren wir mit dem Wanderzeichen auf der anderen Straßenseite des Parkplatzes nach Süden. An der *Kreuzung* mit der Eschbachhau-Allee und der Gspannallee biegen wir rechts ab. Kurz danach bei der *Holzhütte* halten wir uns links. Der Weg knickt bald rechts ab. Nun radeln wir mit leichtem Auf und Ab nach Süden. Wir treffen auf den *Jägersitz* 1, eine Freifläche mit Tischen und Bänken. Hier folgen wir dem rechts davon verlaufenden Weg weiter in Richtung »Rotes Tor« und kommen an einem kleinen Weiher vorbei.

Der Weg knickt an der Kreuzung mit der Lindenallee rechts ab, etwas später sind wir am Zufahrtssträßchen nach Einsiedel (siehe Tour 15). Gegenüber befindet sich der *Parkplatz Rotes Tor* 2. Wir biegen rechts ab und rollen auf dem Sträßchen bis zur *Zeitungseiche* an der K 6912.

Bei der **Zeitungseiche** 3 an der ehemaligen Schweizer Straße wurden Zeitungen und Briefe für die

Domäne Einsiedel in einer hohlen Eiche niedergelegt. Den schon damals bereits morschen Originalbaum gibt es nicht mehr.

Wir fahren auf der anderen Straßenseite in den Wald. Bald darauf knickt der Weg rechts ab und es geht steil abwärts. Nach einem Linksknick geht es noch tiefer bis zu einer *Kreuzung* vor der *Mauterswiese* 4. Hier hat man zwei Möglichkeiten: Die kürzere Tour wäre, dass man geradeaus weiterfährt, bis zu einer Kreuzung nach der Mauterswiese, wo wir rechts in Richtung »Dettenhausen« abbiegen. Von links kommen hier auch diejenigen Radler an, welche die längere Variante gewählt haben.

Etwas länger ist es, wenn wir links abbiegen. Wir fahren nun durch das *Kirnbachtal* bis zum Parkplatz an der *Sonntagsstelle* an der L 1208. Hier biegen wir rechts ab und rollen parallel zur Landstraße nach Norden. Links liegt bald *Bebenhausen* (s. Tour 4), wo man einkehren oder das ehemalige Kloster und das Schloss besichtigen kann.

Danach folgen wir dem mit verschiedenen Wanderzeichen markierten Weg weiter. Er zieht in einer weiten Rechtskurve nach rechts von der Landstraße weg und bringt uns zu der oben genannten *Kreuzung*, wo sich beide Varianten wieder vereinigen.

Wir fahren nun über den *Langen Rücken*. Dabei kommen wir erst an der *Otto-Schäffer-Linde*, einer Lichtung mit einem mächtigen Baum und einer Hütte, danach an der *Bärlochhütte* und der *Bärlocheiche*, dem *Schwedenkreuz* und der *Kreuzbuche* vorbei.

Die **Otto-Schäffer-Linde** 5 ist dem Landforstmeister Otto Schäffer (1898–1958) gewidmet. Der alte Baum brach vor wenigen Jahren ab. Der Name der **Bärlocheiche** 6

Am Schwedenkreuz.

kommt von den Zuchtebern, genannt »Bären«, die zu Zeiten der Waldweide hierher zur Eichelmast getrieben wurden. Um die Bärlochhütte stehen interessante alte Bäume: die Bärlocheiche mit einem Stammumfang von 4,30 Meter; die Kreuzbuche beim Schwedenkreuz; die Ladstockbuche; die Otto-Schäffer-Linde; die Linden an der Spielwiese. Die etwa 250 Jahre alte **Kreuzbuche** 7 ist rund 31 Meter hoch, ihr Stamm hat einen Umfang von 4,60 Meter, ihre Krone von 23 Meter. An ihrem Fuß steht das **Schwedenkreuz**. Es erinnert an die Schlacht von Nördlingen am 26. August 1634, die für die protestantische Seite unglücklich ausging und somit feindliche, sprich kaiserliche Truppen ins Land brachte. Der Herrenberger Vogt Gottlieb Friedrich Heß (gest. 1761) schrieb in seiner Chronik darüber: »Die Kayserlich und Chur-Bayerische Völcker überschwemmten das Land alß ein Strohm, und wurde dabey keine Ordre gehalten, sondern denen Soldaten aller Muthwill gestattet.« Allerdings benahm sich die andere Seite auch nicht viel besser. Die Kaiserlichen, die die Erlaubnis hatten, vom 7. bis zum 12. September das ganze Land Württemberg zu plündern, fielen am 8. September in den Schönbuch ein. Die Stadt Herrenberg beispielsweise wurde von 200 Reitersoldaten drei Tage lang geplündert.

Immer geradeaus fahrend erreichen wir nach einem Rechtsbogen die B 464, der wir nach rechts folgen. Wir überqueren einen *Kreisverkehr* und biegen danach am nächsten links abgehenden Schotterweg ab. An einer Hütte stoßen wir auf einen Querweg. Wir folgen ihm nach rechts und kommen schließlich nach einem Rechtsknick zurück zum *Ausgangspunkt*.

Tipps für unterwegs

Schranners Waldhorn in Bebenhausen:
www.waldhorn-bebenhausen.de

Landhotel Hirsch in Bebenhausen:
www.hirsch-bebenhausen.de

Gasthof Sonne in Bebenhausen:
www.sonne-bebenhausen.de

Goldersbachklause zwischen Bebenhausen und Lustnau:
www.goldersbachklause.de

Kloster Bebenhausen / Schloss Bebenhausen:
www.kloster-bebenhausen.de

Besucherzentrum Naturpark Schönbuch in Bebenhausen:
www.naturpark-schoenbuch.de

Blick auf Bebenhausen.

Touren im südwestlichen Schönbuch und im Ammertal

Tour 17

Über Hohenentringen ins Arenbachtal

Bebenhausen – Waldhausen – Heuberger Tor – Hohenentringen – Wildgehege Saurucken – Bebenhausen

Ausgangspunkt:
Bebenhausen (Schönbuchstraße 29), GPS-Koordinaten: 48.560336, 9.062187

Schwierigkeitsgrad: Leicht

Kurzinfo: Die Radtour beginnt zwar gleich mit einem Anstieg, danach geht es aber eben und bergab weiter, sodass man sich von der Schiebestrecke gut erholen kann. Interessant ist das Schloss Hohenentringen, wo es eine herrliche Aussicht hinab ins Ammertal gibt und wo man auch einkehren kann. Bebenhausen lockt am Schluss der Tour zu einer Besichtigung der Klosteranlage oder einer Einkehr.

Empfohlene Karte: Freizeitkarte F523 Tübingen Reutlingen (LGL).

Sonstiges: Wir fahren auf asphaltierten und geschotterten Wegen.

Grillmöglichkeiten: Saurucken, Geschlossener Brunnen.

16 km

2 h

220 m

Bebenhausen, Hohenentringen

Wir fahren in der Schönbuchstraße durch Bebenhausen hindurch, bis der Radweg an der Südwestecke des Ortes rechts ins Goldersbachtal abgeht. Hier rollen wir in der Straße »Am Ziegelberg« links in Richtung »Tübingen Waldhausen« weiter. Es steigt gleich so steil an, dass wir wohl schieben müssen. Am Waldrand steht der *König-Karl-Stein*.

Der **König-Karl-Stein** 1 wurde 1889 anlässlich des 25-jährigen Regierungsjubiläums des dritten württembergischen Königs aufgestellt.

Hier zieht die Straße nach rechts. Wir fahren aber geradeaus und weiter ansteigend in den Wald. Der Forstweg beschreibt eine Rechtskurve und mündet wieder in das Sträßchen. Etwas nach links versetzt folgen wir auf der anderen Straßenseite dem Forstweg bis zu einem Querweg. Nach links bringt er uns hinauf zum *Heuberger Tor* 2.

Dort biegen wir rechts ab und fahren auf dem Sträßchen mit leichtem Auf und Ab am Waldrand entlang. Vorbei am *Hölzlestor* erreichen wir das *Bogentor* 3. Hier biegen wir rechts ab auf die Zufahrtsstraße nach Hohenentringen. Wir radeln vorerst durch den Wald. Am Waldrand nehmen wir später den rechts abgehenden Winterhaldenweg. Zuerst sollten wir aber über die Freifläche noch zum *Schloss Hohenentringen* fahren.

Das **Schloss Hohenentringen** 4 wurde 1293/95 erstmals urkundlich erwähnt, stammt aber ursprünglich wohl aus dem 11. Jahrhundert. Erbaut wurde es wahrscheinlich von den Pfalzgrafen von Tübingen als Grenzschutz. Der mächtige und einfache Bau, das Hauptgebäude ist ein dreigeschossiger Steinbau mit großem Walmdach

und halbrundem Treppentürmchen, stammt von 1720. Als erster Besitzer wurde um das Jahr 1075 Adelbert von Antringen genannt. Später gehörte das Schloss unter anderem den Herren von Entringen, den Grafen von Zollern, den Markgrafen von Baden, den Pfalzgrafen von Tübingen, den Grafen und Herzögen von Württemberg sowie, ab 1877, den Freiherren von Ow. Im 15. Jahrhundert war Hohenentringen eine Ganerbenburg, eine von mehreren Familien in Erbengemeinschaft bewohnte Burg mit den Mitbesitzern Herter von Dußlingen, von Stadion, von Gültlingen, von Ehingen und von Wehingen. In der Gastwirtschaft befinden sich die Wappen von 20 Besitzerfamilien. Der württembergische Rat Georg von Ehingen, Verfasser einer Reisebeschreibung, sowie Karl Zeller, Lehrer von Kaiser Wilhelm I., wurden auf dem Schloss geboren. Das Schloss hat seit 1818 Schankrecht und ist bewirtschaftet. Eine alte Geschichte erzählt, dass im Jahr 1417 fünf Ritter mit ihren Familien (drei von Hailfingen und je eine von Gültlingen und Ehingen) »freundlich und friedlich beieinander« in der Burg lebten. Sie hatten zusammen

Wildgehege am Saurucken.

Schloss Hohenentringen.

Links: Blick von Hohenentringen ins Ammertal mit Entringen.

100 Kinder, was auch auf einem Bild im Rittersaal abgebildet ist. »Wenn diese Familien zusammen in die Dorfkirche zogen, so bildeten sie eine Reihe, deren Anführer die Kirche betrat, wenn der letzte noch bei der Burg war.«

Danach kehren wir zurück zum *Waldrand* und biegen links ab. Nun fällt es steil ab. Nach einiger Zeit folgen wir dem Abzweig nach links in den Weinsteiglesweg in Richtung »Wildgehege«. Auch dieser Weg fällt ab und schließlich erreichen wir das Arenbachtal. Nach links geht es zum *Wildgehege Saurucken* 5, wo es Rast- und Grillmöglichkeiten gibt.

Danach fahren wir durch das Arenbachtal zurück. Wir kommen an *Beckles Gartenhaus* 6 mit einer steinernen Schutzhütte und am *Geschlossenen Brunnen* 7 vorbei, danach radeln wir durch die Wiesen zurück nach *Bebenhausen* 8. Dort können wir das ehemalige Kloster und das Schloss besichtigen (s. Tour 4) oder einkehren.

Blick von Hagelloch zur Schwäbischen Alb.

Tipps für unterwegs

Schloss Hohenentringen:
www.hohenentringen.de

Schranners Waldhorn in Bebenhausen:
www.waldhorn-bebenhausen.de

Landhotel Hirsch in Bebenhausen:
www.hirsch-bebenhausen.de

Gasthof Sonne in Bebenhausen:
www.sonne-bebenhausen.de

Goldersbachklause zwischen Bebenhausen und Lustnau:
www.goldersbachklause.de

Kloster Bebenhausen / Schloss Bebenhausen:
www.kloster-bebenhausen.de

Besucherzentrum Naturpark Schönbuch in Bebenhausen:
www.naturpark-schoenbuch.de

Am Wildgehege beim Spiel- und Rastplatz Saurucken

Rast an der Pfarrkirche St. Stephan bei Poltringen.

Tour 18

Quer durch das Ammertal

Herrenberg – Gültstein – Altingen – Reusten – Poltringen – Pfäffingen – Unterjesingen – Tübingen

Ausgangspunkt:
Herrenberg (Bahnhof, Bahnhofstraße 5), GPS-Koordinaten: 48.594338, 8.865055

Schwierigkeitsgrad: Mittel

Kurzinfo: Man kann das Ammertal von Herrenberg, wo der Fluss am Ortsrand entspringt, bis nach Tübingen durchfahren. Höhenunterschiede hat man dabei kaum. Das Schöne daran ist, dass man unterwegs je nach Kondition, Lust und Laune die Tour beenden und mit der Ammertalbahn wieder zurückfahren kann. Diese Haltestellen sind als Alternativen in der Karte verzeichnet (Haltestellen Pfäffingen und Unterjesingen).

Empfohlene Karte: Freizeitkarte F523 Tübingen Reutlingen (LGL).

Sonstiges: Bis zur Pfäffinger Bahnstation sind es etwa 17 km und 1,5 h; bis Unterjesingen etwa 18 km und 2 h. Wir fahren auf festen Wegen. Zum Aufladen der Akkus von Elektrofahrrädern gibt es in Herrenberg eine Ladestation im Ringhotel Gasthof Hasen am Hasenplatz 6.

Öffentliche Verkehrsmittel: Ammertalbahn.

Gänsebrunnen in Pfäffingen.

Wir nehmen die vom *Bahnhof* abgehende Eisenbahnstraße, biegen dann rechts in die Walther-Knoll-Straße ein und fahren bergab. Wo vor Haus Nr. 20 rechts die Straße »Sommerrain« abgeht, radeln wir geradeaus weiter, biegen am Kindergarten rechts und gleich danach, nach dem Bach, links ab in den Falkenweg. Ihm folgen wir bis nach den Häusern, unterqueren die *Bahnlinie* und biegen nach rund 200 Meter links in den mit einem Fahrverbotsschild gekennzeichneten Weg ein, der uns auf das Gehölz zu führt. Hier verbergen sich die als Naturdenkmal geschützten *Quellen der Ammer* in der *Leiblesgrube* (s. Tour 21).

Die **Ammer** 1 speist sich aus fünf Quelltöpfen südwestlich von Herrenberg. Von dort aus durchfließt sie das nach ihr benannte Ammertal am Südrand des Naturparks Schönbuch und mehrere Schutzgebiete. Der Fluss fließt durch die Gemeinden Gültstein, Altingen, Reusten, Poltringen, Pfäffingen, Unterjesingen, durch den Weiler Ammern und die Stadt Tübingen, bevor sie sich auf dem Gebiet von Tübingen schließlich mit dem Goldersbach vereinigt und wenig später im Tübinger Stadtteil Lustnau in den oberen Neckar mündet. Auf ihrem 22,5 Kilometer langen Weg fällt die Ammer um rund 94 Meter (s. auch Tour 21).

Wir biegen nach dem Gehölz mit dem Quellgebiet links ab und fahren am Bach entlang bis zur Landstraße. Hier halten wir uns kurz links, nach dem Bach rechts. Nun radeln wir an der *Zweiten Ammermühle* 2 vorbei, bis zu einer Kreuzung vor einem mit einer Hecke umgebenen Grundstück, hier biegen wir rechts ab. Nach der *Dritten Ammermühle* 3 und der *Kochmühle* knickt der Weg links ab. An der Kreuzung vor *Gültstein* biegen wir rechts ab und fahren in den Ort hinein. Von der Rotdornstraße zweigen wir rechts ab in die Uferstraße und rollen links der Ammer zur querenden »Zehnthofstraße« (links) und »Tailfinger Straße« (rechts).

Dahinter folgen wir weiter dem Radwegschild nach »Tübingen«. Wir kommen an Sportplätzen und einem *Pferdehof* vorbei, dann überqueren wir eine Landstraße. Dahinter geht es mit einem Rechts-links-Knick weiter, nun rechts der Ammer. Wir unterqueren die *Autobahn*, dann beschreibt der Weg wieder einen Rechts-links-Knick und bringt uns nach *Altingen* 4.

Durch diesen Ort fahren wir geradeaus hindurch, nach der querenden Schwedenstraße/Tailfinger Straße in der Hechinger Straße. Nach dem Ort wechseln wir auf den rechts der Landstraße verlaufenden Radweg und rollen nach *Reusten*. Hier wechseln wir wieder auf die Straße.

Reusten wurde im 6. Jahrhundert von den Alamannen gegründet. Der Name lässt sich wahrscheinlich von dem alamannischen Vornamen *Rusto* ableiten. Erste urkundliche Erwähnung von »Rusten« gibt es in einem Schenkungsbuch des Klosters Reichenbach; niedergeschrieben zwischen 1138 und 1152. Ein seltenes und frühes Beispiel für eine Umnutzung ist die heutige *Kirche* von Reusten 5, die 1760 aus einer 1575 erbauten Bebenhauser Weinkelter hervorging.

»Natur aus zweiter Hand« im ehemaligen Steinbruch bei Reusten.

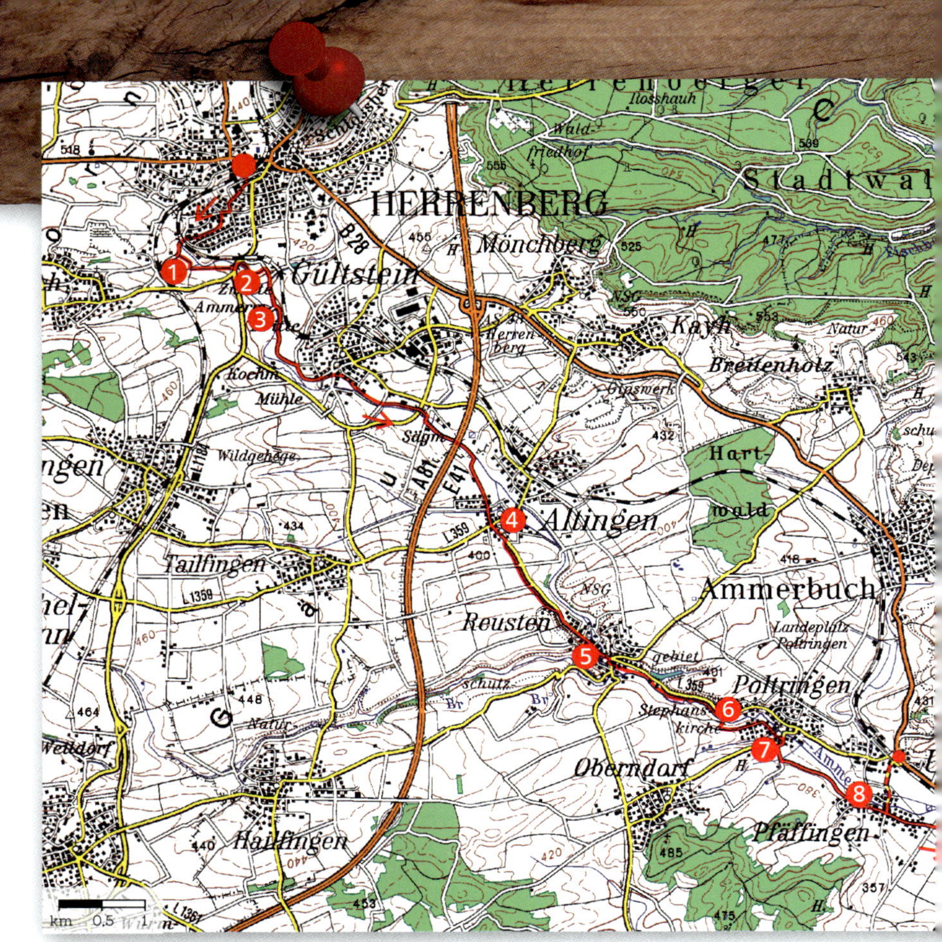

Die verputzten auskragenden Giebelgeschosse waren ursprünglich Sichtfachwerk. Auf den Emporenbrüstungen sieht man bäuerliche Malerei (1760). Die Glasmalereien stammen von dem Glasmaler Adolf Valentin Saile (1905–1994). Das Pfarrhaus wurde 1824 erbaut.

Wir kommen an der *Kirche* vorbei, danach steigt es kurz an. Bald sehen wir links als »Natur aus zweiter Hand« einen *Steinbruch* mit einer alten Lore davor. Vor der markanten Felswand liegt ein See. Nun können wir wieder auf einen Radweg wechseln. Wir fahren nach *Poltringen* hinein und kommen zur *Stephanskirche*; hier wechselt der Radweg auf die rechte Seite der Ammer.

Die 1191 erstmals genannte, vom Friedhof umgebene *kath. Pfarrkirche St. Stephan* 6 in **Poltringen** wurde im Mittelalter als Oberkirch (Oberkilch) bezeichnet. Chor und

Kirchturm in Pfäffingen.

Turm sind spätgotisch, Langhaus und Zwiebelturm sind barock (1750–1762). Mit dem Neubau des Schiffs wurde auch der übrige Außenbereich barockisiert, ebenso ist die Innenausstattung großteils barock: ein großer, durchbrochen gearbeiteter Hochaltar, zwei Seitenaltäre, Kanzel. Ein spätgotisches, reich verziertes Sakramentshäuschen und ein Wandkreuz von 1500 sind erhalten. Sehenswert sind die Stuckaturen. Die steinerne Totenleuchte aus dem 14. Jahrhundert ist von größter Seltenheit – sie ist das einzige Exemplar im Neckargebiet. Vor der Kirche steht eine mächtige Linde.

Es geht vorbei am links hinter Bäumen versteckt liegenden *Schloss*, danach in der Aiblestraße an der rechts liegenden *Dorfkirche*.

Die Dorfkirche *St. Klemens* 7 in **Poltringen** besitzt einen hohen gotischen Chor und maßwerkgegliederte Fenster aus dem 15. Jahrhundert. Das niedrige Langhaus ist großenteils mit Rundbogenfens-

Ammer bei Altingen.

tern versehen, die wohl aus der romanischen Zeit stammen. Der einfache gotische Taufstein wurde im 14. Jahrhundert geschaffen, die Sakramentsnische im Chor und das Wandkreuz im 15. Jahrhundert. Sehenswert sind auch die spätgotischen Holzbildwerke.

An der querenden Ehinger Straße nach der Kirche biegen wir rechts ab. In der folgenden Rechtskurve fahren wir in Richtung »Sportplätze« nach links in den Wendelsheimer Weg. Nun rollen wir durch die Felder nach *Pfäffingen* 8 (s. Tour 22). Wir fahren erst in der Biegenstraße, dann in der Dorfstraße bis zur Kreuzung links »Lange Straße« und rechts »Wurmlinger Straße«.

Jetzt müssen wir uns entscheiden. Nach links geht es rund 500 Meter zur Bahnstation der Ammertalbahn, geradeaus im Wiesweg weiter nach *Unterjesingen* – wo die Bahnstation links des Radwegs am Ortsrand liegt – oder zum Tübinger Westbahnhof. Ihn erreicht man, wenn man der Beschilderung nach »Tübingen« folgt. Nach den ersten Häusern biegt man vor dem Sportgelände rechts ab in die Sindelfinger Straße und kommt zum *Westbahnhof*.

Tipps für unterwegs

Bäcker Baier in Herrenberg:
www.baecker-baier.de

Restaurant Hotel Krone in Tübingen (Uhlandstube oder das »Ludwigs«):
www.krone-tuebingen.de

Streuobst-Erlebnisweg für Kinder in Gültstein:
www.streuobsterlebnis.mitmachstadt-herrenberg.de

Der Herrenberger Marktplatz ist einer der schönsten im Land.

Blick über die Ammer nach Altingen.

Tour 19

Vom Schönbuchrand ins Gäu

Herrenberg – Gültstein – Nebringen – Altingen – Entringen

20,5 km

2,5 h

150 m

Herrenberg, Entringen

Ausgangspunkt:
Herrenberg (Bahnhof, Bahnhofstraße 5), GPS-Koordinaten: 48.594338, 8.865055

Schwierigkeitsgrad: Mittel

Kurzinfo: Wir sehen den Schönbuch bei dieser Radtour meist von der Ferne, obwohl die Tour direkt an seinem Fuß startet und endet. Dafür rollen wir aber durch die interessant bewegte Gäulandschaft mit ihren im Sommer wogenden Getreidefeldern. Wer will, kann diese Radtour auch mit Tour Nr. 21 zu einer größeren Tour zusammenlegen. Kürzer ist es dann, wenn man sie mit Tour 21 in Entringen beginnt. Wer sich jedoch ohnehin die Ammerquelle und am Schluss die Stadt Herrenberg ansehen möchte, kann auch dort beginnen.

Empfohlene Karte: Freizeitkarte F523 Tübingen Reutlingen (LGL).

Sonstiges: Wir fahren auf festen Wegen. Zum Aufladen der Akkus von Elektrofahrrädern gibt es in Herrenberg eine Ladestation im Ringhotel Gasthof Hasen am Hasenplatz 6.

Öffentliche Verkehrsmittel:
Ammertalbahn.

Wir starten am *Bahnhof*. Hier fahren wir vom Bahnhofsgebäude aus zur von der Bahnhofstraße abgehenden Eisenbahnstraße und folgen ihr kurz mit dem Albvereinszeichen. Gleich danach biegen wir rechts ab in die Walther-Knoll-Straße. Nun rollen wir hinab bis zu einer Linkskurve, wo rechts die Straße Sommerrain abgeht; hier rollen wir mit dem Albvereinszeichen geradeaus weiter abwärts zur querenden Raistinger Straße.

Wir fahren kurz nach rechts und biegen nach dem Bach links ab in den Falkenweg. Dann radeln wir bis zur *Eisenbahnbrücke*, unterqueren sie und folgen dem Weg noch etwas. Danach biegen wir links ab in Richtung »Ammerquellen Tübingen«. Gleich danach sind wir an den *Ammerquellen* 1 (s. Touren 18 und 21), die sich hinter dem dichten Gehölz verbergen. Hier halten wir uns links.

Wir fahren bis zur Landstraße, biegen links in sie ein und zweigen gleich nach der Ammer rechts ab.

Nun kommen wir zur *Zweiten Ammermühle* 2, wo der Weg nach links zieht. Vorbei an der *Dritten Ammermühle* 3 radeln wir zu einem querenden Weg vor Gültstein – hier kommt man bei Tour Nr. 21 von links – und halten uns rechts. Wir rollen nach *Gültstein* hinein, fahren vorerst geradeaus weiter und zweigen bald mit dem Radwegschild rechts ab.

Die romanische *Pfarrkirche St. Petrus* in **Gültstein** 4, eine ehemalige Wehrkirche, ist eine Chorseitenturmanlage. Sie wurde Ende des 12. Jahrhunderts vom Kloster Hirsau erbaut. Vom ursprünglichen Bau wurde das doppelbogige Westportal aus der Romanik mit den übergreifenden Bogen übernommen. An der Südseite sieht man ein Rundbogenportal von 1786. Das große Wandkruzifix stammt von etwa 1700. Beim Wiederaufbau des Ortes nach einem Brand 1784 entstand eine rasterförmige Straßenanlage. An zwei Häusern, ehemals

Durch die Felder bei Altingen.

Scheunen oder Ställe, befinden sich Wappensteine des früher hier einflussreichen Klosters Hirsau. Das romanisch historisierende *Schloss* wurde 1906 von der Familie Kapp erbaut. Aus ihr stammte der später in den Adelsstand erhobene Eisenbahnpionier Dr. h. c. Otto Kapp von Gültstein, der Eisenbahnen in Serbien, Griechenland, Türkei, ja sogar in China, baute.

Bei Gültstein.

Parallel zur Ammer fahren wir jetzt zu einer querenden Straße. Dort biegen wir rechts ab, halten uns aber gleich links in Richtung »Friedhof«. Gleich nach dem *Haus* zweigen wir aber rechts ab. Etwas später überqueren wir auf einer *Brücke* die K 1036. Danach halten wir uns kurz rechts, dann gleich wieder links. Nun rollen wir durch die Getreidefelder und mit leichtem Auf und Ab bis zur L 1184 vor *Nebringen* 5. Dort biegen wir links ab. Bald führt die querende Siedlerstraße nach links in das *Gewerbegebiet* hinein. Wir fahren aber im Prinzip geradeaus weiter, direkt an der L 1184 entlang.

Wir überqueren die nach Tailfingen führende Straße. Danach steigt es etwas an und der Radweg knickt links ab. An der nächsten *Kreuzung* biegen wir links ab. Danach folgen wir dem dritten rechts abgehenden Weg, überqueren die Landstraße und fahren auf der Querstraße nach rechts zum *Sportplatz*. Dort biegen wir

links ab. An der nächsten Kreuzung orientieren wir uns links. Nun rollen wir immer geradeaus auf die Geländestufe des Schönbuchs zu. Nach der *Autobahn* fahren wir an einem rechts liegenden *Gehölz* vorbei. Gleich danach biegen wir links, anschließend wieder rechts ab.

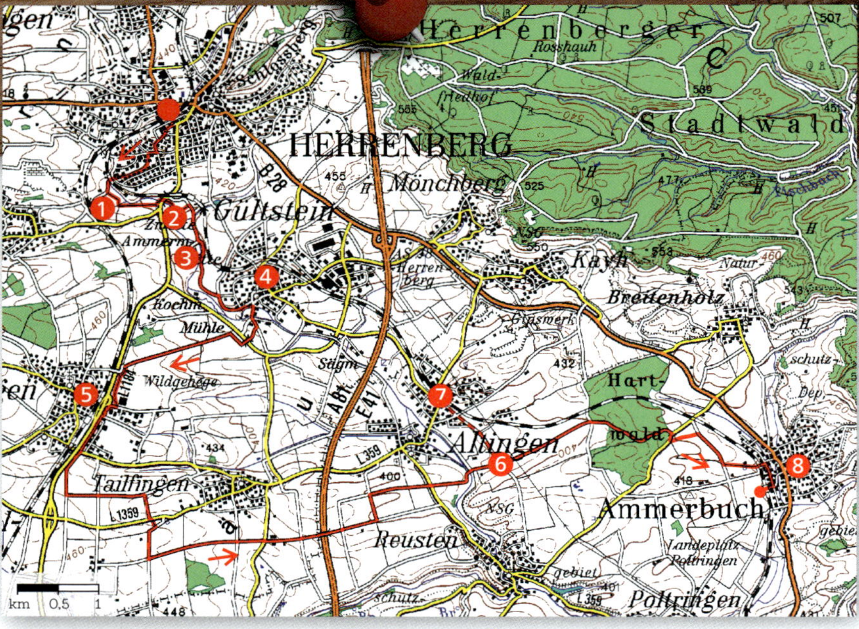

Wir überqueren die von Altingen kommende L 359 und fahren zur *Ammer*. Hier geht es mit einem Links-rechts-Knick und links unterhalb eines *Hofes* weiter zu einer Kreuzung mit einem *Flurkreuz* 6. Wer die Tour hier beenden will, biegt links ab und fährt zur Bahnstation

Blick auf Herrenberg und den Schlossberg.

von *Altingen*. Dadurch wird der Ausflug etwa 3 km kürzer.

Die *kath. Kirche St. Magnus* aus dem 12./13. Jahrhundert in **Altingen** 7 wurde im 14. Jahrhundert spätgotisch umgebaut. Im Kern handelt es sich aber um eine romanische frühere Wehrkirche, erkenntlich auch am ummauerten burgartigen Kirchhof. Sie besitzt einen hochgotischen Chorturm mit beeindruckenden Maßwerkfenstern. Im unteren Teil kann man noch Schießscharten erkennen, einen romanischen Turmchorraum mit Kreuzgratgewölbe (14. Jh.) und schlanke Spitzbogenfenster. In den 1960er-Jahren wurden übertünchte spätgotische Malereien aus dem 15. Jahrhundert entdeckt. An der Wand des Triumphbogens sieht man ein hervorragend gemaltes Kassettenfries. Die Rokoko-Stuckdecke stammt von 1742, verschiedene Skulpturen entstanden Mitte des 15. Jahrhunderts. Das *»Schwedenhaus«* (Hauptstraße 28) ist ein mächtiger Fachwerkbau von 1680. Weitere Fachwerkhäuser findet man in der Brunnenstraße und in der Hauptstraße.

Ansonsten radeln wir geradeaus weiter auf den *Hartwald* zu. Wir durchqueren ihn mit mehreren Kurven. Nach ihm halten wir uns an der Landstraße kurz rechts, dann zweigen wir links in den nach »Entringen« führenden Weg ab.

Gleich darauf halten wir uns in den Feldern rechts, dann vor Häusern links und kommen nach *Entringen* 8 (s. Tour 5). Nach der Bahnlinie biegen wir in die erste nach rechts führende Straße ein, kurz darauf geht es nach rechts zum *Bahnhof*.

Bäcker Baier in Herrenberg:
www.baecker-baier.de

Gasthof Hasen in Herrenberg:
www.hasen.de

Restaurant »Im Gärtle« in Ammerbuch-Entringen:
www.imgaertle.de

Streuobst-Erlebnisweg für Kinder in Gültstein:
www.streuobsterlebnis.mitmachstadt-herrenberg.de

Der Spitzberg
bei Unterjesingen.

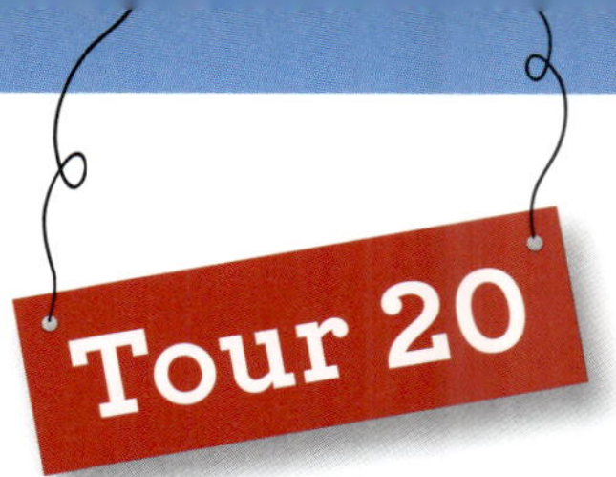

Von Altingen nach Tübingen

Altingen – Entringen – Unterjesingen – Tübingen

Ausgangspunkt:
Ammerbuch-Altingen (Bahnhof, Römerstraße 2), GPS-Koordinaten: 48.561704, 8.909161

Schwierigkeitsgrad: Leicht

Kurzinfo: Eine der Radtouren, die man im Ammertal unternehmen kann, führt von Altingen nach Tübingen. Man fährt dabei zwischen dem Schönbuch auf der Nordseite und dem Spitzberg und der in der zweiten Hälfte der Tour sichtbaren Wurmlinger Kapelle im Süden ohne große Höhenunterschiede durch die fruchtbare Landschaft mit wogenden Kornfeldern, Wiesen und dem Wald im Hintergrund.

Empfohlene Karte:
Freizeitkarte F523 Tübingen Reutlingen (LGL).

Sonstiges: Bis Pfäffingen sind es etwa 8 km und etwas weniger als 1 h, bis Unterjesingen etwa 10 km und 1 h. Wir fahren auf festen Wegen.

Öffentliche Verkehrsmittel: Ammertalbahn.

Wir starten an der Bahnstation der Ammertalbahn. Dort halten wir uns, die Gleise im Rücken, links. Am Ortsende fahren wir an der großen *Linde* geradeaus weiter. Es geht an den *Sportplätzen* vorbei bis zu einem Feldkreuz vor einem Geländeaufschwung. Hier biegen wir aber links ab und radeln auf den *Hartwald* zu.

Wo wir links auf eine *Waldecke* stoßen, biegen wir rechts ab. Nun steigt es etwas an, danach kommen wir am *Modellfliegerplatz* vorbei, überqueren die Landstraße und können es dahinter hinab nach *Entringen* 1 (s. Tour 5) rollen lassen. Ab jetzt haben wir auch immer die *Wurmlinger Kapelle* im Blickfeld.

Die **Wurmlinger Kapelle** 2 befindet sich auf dem Kapellenberg (475 m) und ist als barocke Kapelle (geweiht 1685) ein bekanntes und beliebtes Ausflugs- und Wallfahrtsziel. Ein Vorgängerbau wurde dort 1050 als Grabkapelle des Stifters Graf Anselm von Calw gebaut. Ein 1687 errichteter Kreuzweg führt von der Ortschaft Wurmlingen zur etwa 130 Meter höher gelegenen Kapelle hinauf. Die Kapelle war für Ludwig Uhland 1805 Inspiration für das Gedicht »Die Kapelle«. Ebenso wurde der österreichische Schriftsteller Nikolaus Lenau 1832 durch sie zu seinem Gedicht »Die Wurmlinger Kapelle« angeregt. Die Bergkapelle ist von Mai bis Oktober bei schönem Wetter sonntags von 10–16 Uhr geöffnet. Zu den übrigen Zeiten kann der Schlüssel beim katholischen Pfarramt in Wurmlingen ausgeliehen werden (Lindenstraße 2, Tel. 07472 1790).

Vor *Entringen* knickt der Weg vor den Gleisen links ab, wir überqueren danach die Gleise und biegen anschließend rechts ab. Wir ignorieren den Abzweig zum Bahnhof nach rechts und fahren bis zum querenden Poltringer Weg. Hier halten wir uns rechts und verlassen den Ort. Gleich nach den *Schienen* biegen wir links ab und fahren an ihnen entlang.

Nach einem kurzen Anstieg und einer Abfahrt zu einer kleinen *Kläranlage* fahren wir nach links, nach *Pfäffingen* 3 (s. Tour 22). Nach dem großen *Gewerbeanwesen* überqueren wir nach links den Bach und rollen nach ihm nach rechts in der Eisenbahnstraße zum Bahnhof.

Wir fahren an ihm vorbei und biegen dann in die zweite Straße nach rechts ein (Lange Gasse). Ihr folgen wir bis zum Wiesweg. Auf ihm verlassen wir nach links den Ort und fahren geradeaus weiter nach *Unterjesingen.*

Die zierliche spätgotische *Pfarrkirche St. Barbara* in **Unterjesingen** 4, eine Chorseitenturmanlage, war ab etwa 1100 im Besitz des Klosters Blaubeuren, das hier auch Grundbesitz hatte. Sie wurde von ihm 1404 mit dem Widumhof an Württemberg verkauft. Der heutige Kirchenbau entstand zwischen 1475 und 1484 unter Graf Eberhard im Bart und der Uracher Bauschule. Der Schlussstein im Südportal stammt von 1484. Die Ummauerung ist wohl ein Rest der früheren Wehranlage. Das Rathaus von 1750 besitzt drei Rundbogentore, die Schlusssteine der Tore sind mit Wappen, die Fassade mit einem Fugennetz verziert. Im Ort sieht man einige stattliche Fachwerkhäuser mit Rundbogeneinfahrten und Höfen, vor allem entlang der Hauptstraße.

Dort überqueren wir die Landstraße – wer die Tour hier abbrechen möchte, fährt nach links zum Ort und nach den Gleisen nach rechts zur Bahnstation. Ansonsten radeln wir immer geradeaus weiter. Der Weg knickt bald links ab, nach der *Unteren Mühle* und den *Gleisen* nach rechts.

Neckarfront in Tübingen.

Nun sind wir bald in *Tübingen*. Hier fahren wir durch das Wohngebiet hindurch bis vor einen *Sportplatz*, hier weist das Radwegschild zur Innenstadt nach rechts. Am querenden Schleifmühlenweg befindet sich links der *Westbahnhof*, wo man in die Ammertalbahn einsteigen kann.

Unterwegs mit der Ammertalbahn.

Wer möchte, kann von hier aus das Tübinger Zentrum aufsuchen, wobei man dort das Rad allerdings schieben muss. Hierzu folgt man dem Schleifmühleweg nach links. Am Ende des *Platzes »Vor dem Haagtor«* nehmen wir an der Verzweigung die rechte Straße (Haaggasse). Sie bringt uns zum Rathaus. Vor ihm gehen wir nach links und nach dem Brunnen nach rechts. Nun kommt man durch die Kirchgasse zur Stiftskirche, ansonsten kann man sich einfach treiben lassen.

Das *Rathaus* von **Tübingen** 5, ein Fachwerkbau von 1435, zählt zu den schönsten Rathäusern Deutschlands. Das zuerst dreistöckige Gebäude erhielt 1508 ein weiteres Stockwerk mit Ziergiebel (1598) und Malereien auf dem nun verputzten Fachwerk. Die Malerei auf

Bei Entringen.

der Marktseite stammt von 1876, die Astronomische Uhr schuf 1511 der Tübinger Professor Johannes Stöffler. Davor steht ein *Renaissance-Marktbrunnen* mit einem Neptun auf einem Meerestier; er wurde 1617 nach einem Entwurf von Heinrich Schickhardt geschaffen. Vor der *Stiftskirche* sieht man den Georgsbrunnen mit dem Drachen tötenden hl. Georg. Wer Zeit hat, sollte die Kirche besichtigen, sich das 1491 geschnitzte Chorgestühl, den gotischen Lettner und die Grablege des württembergischen Fürstenhauses ansehen. Hier liegen die für die württembergische Geschichte bedeutsamen Persönlichkeiten, wie Herzog Eberhard im Bart, dem Gründer der Universität Tübingen, Herzog Ulrich und sein Sohn Herzog Christoph. Auch lohnt es sich, den Kirchturm zu besteigen und die schöne Aussicht auf Tübingen und das Umland zu genießen. Vor der Stiftskirche befindet sich die Heckenhauer'sche Buchhandlung, wo Hermann Hesse 1895 bis 1899 gearbeitet hat. Von der Neckarbrücke oder der Platanenallee aus hat man eine schöne Sicht zum *Hölderlinturm*, einem ehemaligen Zwingturm der Stadtbefestigung aus dem 14. Jahrhundert. Hier verbrachte der Dichter Friedrich Hölderlin (1770–1843) von 1807 bis zu seinem Tod seine letzten Lebensjahrzehnte in Umnachtung, gepflegt von dem Schreinermeister Ernst Friedrich Zimmer.

Tipps für unterwegs

Gasthof Lamm in Unterjesingen:
www.lamm-tuebingen.de

Schwärzlocher Hof in Tübingen (mit Blick aufs Ammertal):
www.hofgut-schwaerzloch.de

Dorfmuseum in Unterjesingen:
www.tuepedia.de

Wochenmarkt in Tübingen:
www.tuebingen.de

Stocherkahnfahren in Tübingen:
www.tuebingen-info.de

Kunsthalle Tübingen:
www.kunsthalle-tuebingen.de

Boxenstop Tübingen:
www.boxenstop-tuebingen.de

Stadtfriedhof Tübingen:
Hier liegen so bekannte Persönlichkeiten wie Friedrich Hölderlin, Ludwig Uhland, Kurt Georg Kiesinger, Isolde Kurz, Walter Jens.

Wein-, Obst- und Naturlehrpfad:
Unterhalb der Wurmlinger Kapelle befindet sich ein Lehrpfad, der über den Weinanbau informiert.

Freibad in Tübingen:
www.swtue.de

Frühjahrsblüte
im Ammertal.

Tour 21 Durch Baumwiesen nach Herrenberg

Entringen – Breitenholz – Kayh – Gültstein – Ammerquelle – Herrenberg

16,5 km

1,5 h

200 m

Entringen, Herrenberg

Ausgangspunkt: Ammerbuch-Entringen (Bahnhof, Wilhelmstraße 4), GPS-Koordinaten: 48.552785, 8.963005

Schwierigkeitsgrad: Leicht

Kurzinfo: Insbesondere im Frühjahr ist der südliche Abhang des Schönbuchs zum Ammertal ein reines Blütenmeer. Aber auch der Sommer, wenn Zwetschgen und Äpfel reifen, bietet schöne Landschaftseindrücke. Wir fahren bei dieser Tour unterhalb des Schönbuchs von Entringen nach Herrenberg. Diese prächtige Fachwerkstadt können wir nach der Tour auch aufsuchen und hier bummeln oder einkehren. Wer will, verbindet diesen Ausflug mit Tour Nr. 19 zu einer größeren Unternehmung.

Empfohlene Karte: Freizeitkarte F523 Tübingen Reutlingen (LGL).

Sonstiges: Wir fahren auf festen Wegen. Zum Aufladen der Akkus von Elektrofahrrädern gibt es eine Ladestation im Ringhotel Gasthof Hasen, Hasenplatz 6, in Herrenberg.

Öffentliche Verkehrsmittel: Ammertalbahn.

Von der *Haltestelle* der Ammertalbahn aus fahren wir, die Gleise im Rücken, erst nach links, dann zieht die Straße nach rechts. An der querenden Zeppelinstraße biegen wir links, dann rechts in die Gretchenstraße ein und kommen zur Durchgangsstraße.

Hier biegen wir links ab, zweigen aber am Ortsrand rechts ab in die Friedensstraße. Sie bringt uns durch die Felder zu einer Landstraße, die nach Breitenholz führt. Wir biegen aber rechts ab, dann halten wir uns an den zweiten links abgehenden Weg und fahren rechts des *Sportplatzes* zur ersten Straße von *Breitenholz* 1. Hier radeln wir geradeaus im Wiesbruchweg weiter.

Er knickt bald links ab und führt uns mit einem Links-, dann Rechtsknick an einer Gruppe von *Feldscheunen* vorbei. Am nächsten querenden Weg halten wir uns erst links, dann gleich danach rechts. Nun rollen wir bis zu einem querenden Weg, in den wir rechts einbiegen. Immer den Radwegschildern folgend kommen wir nach *Kayh*.

Die *ev. Stadtkirche »Unserer Lieben Frau«* in **Kayh** 2 wurde als Marienkapelle um 1420 erstmals erwähnt und 1487 in spätgotischem Stil erbaut. Der von einem hohen Zeltdach bekrönte mächtige Wehrturm der alten Kapelle wurde Teil des neuen Baues. Kirche und Kirchhof waren früher befestigt, was auch an der Ummauerung (mit Schießscharte) erkennbar ist. Aus dem frühen 14. Jahrhundert stammen die Fragmente eines wandteppichartigen, frühgotischen Bilderfeldes. 1699 wurde die Kirche neu ausgemalt. Wandkreuz, Stiftungsinschrift, Kanzel und Emporenbilder stammen von etwa 1700,

Weinberge zwischen Breitenholz und Kayh.

der Taufstein aus der Spätgotik. Das ehemalige *Pfarrhaus*, Herrenberger Straße 12, mit Krüppelwalmdach und massivem Erdgeschoss wurde 1748 neu errichtet. Das schön geschmiedete eiserne Tor stammt aus dem 19. Jahrhundert. Das eindrucksvolle *Fachwerk-Rathaus* (Mitte 16. Jh.), Kelterplatz 1, ist ein gutes Beispiel für den alemannischen Fachwerkbau mit Verblattungen, Bohlenwänden und Bohlenbalkendecke. Hierüber rankt sich die Legende, dass die Kayher 160 Morgen ihres Waldes an Herrenberg verkauft hätten, um den Bau zu finanzieren. Kayh bietet bis heute ein relativ geschlossenes altes Ortsbild mit noch einigen weiteren typischen Fachwerkhäusern und kleineren verputzten Bauernhäusern. Die *Fachwerk-Zehntscheuer*, Lindenstraße 5a, wurde im 17./18. Jahrhundert erbaut, die *Obere Kelter*, Hauptstraße 27, Ende des 16. Jahrhunderts. Sie wurde nach Beendigung des Weinbaus als Armenhaus, Schafhaus, Farrenstall und Gemeindewaschküche genutzt.

Wir fahren mit den Radwegschildern durch Kayh hindurch. Am Ortsende werden wir nach rechts in den Äckerlenweg verwiesen. An der nächsten Straße biegen wir links ab, verlassen Kayh und radeln neben der Straße weiter. Am ersten Abzweig nach »Mönchberg« fahren wir noch geradeaus weiter, am zweiten sehen wir die *Bushaltestelle Greutäckerstraße*. Bei ihr werden wir nach links verwiesen. Vor der *Straßenbrücke* halten wir uns rechts.

Zwetschgen: nicht nur zur Blütezeit ein schöner Anblick.

Wir rollen parallel zur Straße auf Herrenberg zu. Nach der Autobahnzufahrt und der Straße nach Gültstein überqueren wir die B 28 nach links und fahren in Richtung Gültstein. Vor der Zufahrtsstraße und einem *bewaldeten Grundstück* halten wir uns rechts, dann gleich wieder links.

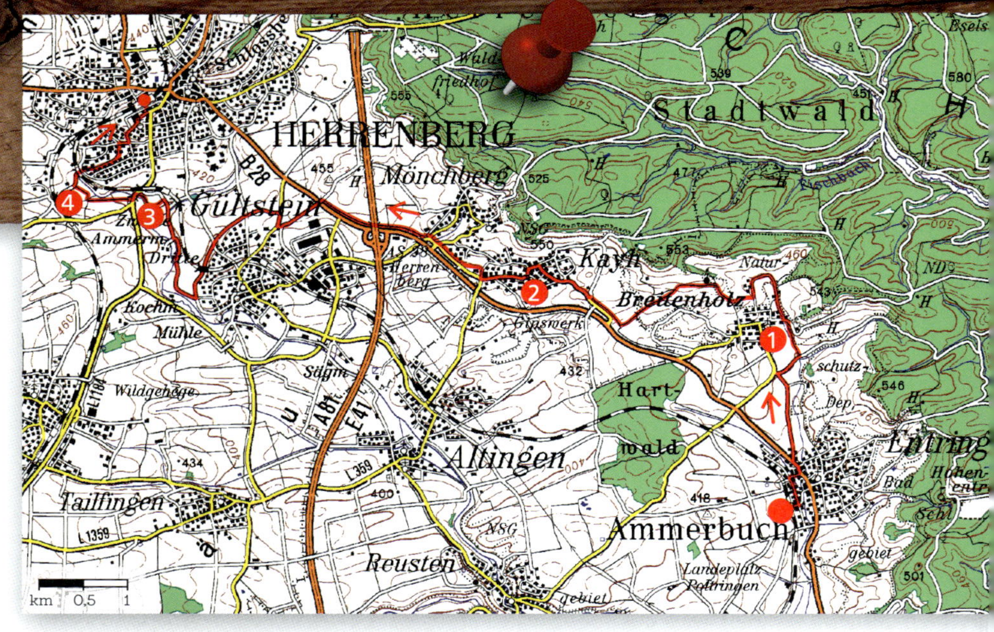

Nun fahren wir rechts von *Gültstein* durch die Felder. Nach der Brücke der Ammertalbahn weist uns das Radwegschild nach »Herrenberg« nach rechts.

Wer diese Radtour mit Tour Nr. 19 zu einer größeren Unternehmung verbinden will, hält sich hier links, ansonsten biegen wir rechts ab. Nun fahren wir geradeaus weiter, auch da wo das Radwegschild nach rechts in Richtung »Herrenberg« weist und der Weg die Bahnlinie unterquert. Kurz danach biegen wir links ab in Richtung »Ammermühle 2«.

Wir kommen, vorbei an dieser *Mühle* 3, zur Landstraße, wo wir uns links halten. Gleich darauf nehmen wir den rechts abgehenden Feldweg, der rechts der nach Haslach führenden Straße zur idyllischen *Ammerquelle* 4 (s. Tour 18) mit den markanten Bäumen führt.

Die **Ammerquellen** sind Karstquellen, deren Wasser aus dem verkarsteten Gebiet des Oberen Muschelkalks im Norden und Nordwesten kommt. Zusammen mit den prächtigen alten Bäumen bieten sie einen idyllischen Anblick. Das Ammertal ist die südliche Begrenzung des Schönbuchs. Der Name kommt aus dem Keltischen und bedeutet »Wasserlauf« (»amb« = indogermanisch für Wasser). Die Ammer entspringt bei Herrenberg aus drei Quelltöpfen mit einer durchschnittlichen Schüttung von 20 l/sec, fließt durch ein Tal mit sanften Hügeln und schroffen Flusseinkerbungen und mündet bei Lustnau in den Neckar, nachdem sie noch kurz zuvor den Goldersbach aufgenommen hat. Mit dem Ammerkanal, der westlich bei Schwärzloch abzweigt, durchfließt sie das alte Tübingen. Die »Charte von Wirtemberg« von 1799 von J. G. F. Bohnenberger zeigt noch zwölf Mühlen. »Schwäbisches Arkadien« wurde das Ammertal mit seinen alten Weingärtnergemeinden am südlichen Schönbuchtrauf schon einmal genannt. Und wirklich, wer an einem heißen Sommertal das Tal, seine Orte oder die Hänge mit den Weingärten aufsucht, wird merken, dass diese Bezeichnung so falsch nicht ist! Das fast südlich wirkende Tal wurde im 19. Jahrhundert von dem dichtenden Ochsenwirt Spät aus Tübingen mit den folgenden Worten besungen: »Das Leben ist kein Jammertal – am wenigsten im Ammertal.«

Anschließend biegen wir rechts ab, kurz darauf noch einmal. Wir unterqueren die *Bahnlinie* und fahren danach im schmalen Falkenweg links des Baches weiter. An der querenden Raistinger Straße orientieren wir uns rechts. Kurz danach folgen wir der Walther-Knoll-Straße nach links hinauf. Nach den großen Gewerbegebäuden biegen wir links ab und kommen zum *Bahnhof*. Wer die sehenswerte Altstadt von Herrenberg besichtigen möchte (s. Tour 11), fährt kurz geradeaus weiter, nach der Bahnhofstraße in der Horber Straße, unterquert die Durchgangsstraße und radelt hinauf zum Marktplatz.

Tipps für unterwegs

Gasthof Hasen in Herrenberg:
www.hasen.de

Restaurant »Im Gärtle« in Ammerbuch-Entringen:
www.imgaertle.de

Streuobst-Erlebnisweg für Kinder in Gültstein:
www.streuobsterlebnis.mitmachstadt-herrenberg.de

Wildgehege Ammerbuch:
www.ammerbuch.de

Erlebnisweg Kayh:
www.streuobsterlebnis.mitmachstadt-herrenberg.de

Naturlehrpfad Herrenberg:
www.naturpark-schoenbuch.de

Herrenberger Stadtführungen:
www.erlebnis-herrenberg.de

Herrenberger Stiftskirche mit Glockenmuseum
www.glockenmuseum-stiftskirche-herrenberg.de

Blick zur Wurmlinger Kapelle.

Tour 22

Von Tübingen nach Altingen

Tübingen – Schwärzloch – Ammern – Pfäffingen – Poltringen – Altingen

Ausgangspunkt:
Tübingen (Westbahnhof Schleifmühleweg 99), GPS-Koordinaten: 48.520383, 9.038609

Schwierigkeitsgrad: Mittel

Kurzinfo: Mit der alten »Mostburg« Schwärzloch, der Domäne Ammern und der Wurmlinger Kapelle, an deren Fuß wir entlangfahren, bietet uns diese Radtour einiges an Sehenswürdigkeiten im Ammertal zwischen Tübingen und Herrenberg.

Empfohlene Karte: Freizeitkarte F523 Tübingen Reutlingen (LGL).

Sonstiges: Wir fahren auf geschotterten und asphaltierten Wegen. Autofahrer finden in Altingen eher einen Parkplatz als in Tübingen. Dann fährt man zuerst samt Rad mit der Bahn zum Tübinger Westbahnhof und radelt dann zurück nach Altingen.

Öffentliche Verkehrsmittel: Ammertalbahn.

Am Schwärz-
locher Hof.

Wir starten mit dieser Tour am Tübinger *Westbahnhof*, wohin wir mit der Bahn und der Ammertalbahn gelangen. Von dort aus fahren wir im Schleifmühleweg nach Westen. Am Stadtende zieht er nach links über die Gleise, gleich danach knickt er rechts ab. Nun radeln wir durch das Ammertal. Bald liegt links oben *Schwärzloch*.

Schwärzloch (1) ist der Rest einer ehemaligen Gruppensiedlung, Teil eines Dienstmannensitzes, der zum klösterlichen Gutshof des Klosters Blaubeuren (bis 1477) umgewandelt wurde. Bekannt ist es vor allem als »Mostburg«, als idyllisch gelegene Studentenkneipe in der Nähe Tübingens mit Tradition, ähnlich wie Hohenentringen; früher auch Treffpunkt schlagender Verbindungen. Ludwig Uhland hat den Namen als Hain des germanischen Schwertgottes Ziu erklärt, was aber wohl nicht zutrifft. Die Gastwirtschaft selbst ist in einer profanierten Kirche untergebracht, einer Saalkirche, die um 1200 gebaut wurde. Erhalten blieb der romanische Chor mit seiner halbrunden Apsis und ihren Rundbogenfenstern. Von außen ist die Apsis mit Blendarkaden verziert. Vom Innenhof her sieht man die südliche Längswand des Kirchengebäudes mit den Resten eines ehemaligen romanischen Säulenportals (vielleicht das älteste Figurenportal Deutschlands). Unterhalb des Dachansatzes ist ein Traufgesims mit Teilen eines Rundbogenfrieses mit Fabelwesen und pflanzlichen Symbolen. Neben der Tür erscheint über einem Löwen und einem Basilisken die Gestalt eines Engels – vielleicht der heilige Michael.

Wir fahren unterhalb der Ansiedlung entlang und kommen nach *Ammern/ Ammerhof*, das wir nach einem Rechtsknick erreichen. Zwischen den Häusern biegen wir links ab.

Die westlich von Tübingen gelegene Siedlung **Ammerhof** 2 ist eine herzoglich-württembergische Domäne. Sie gehörte seit 1171 zum Kloster Obermarchtal, von dort kamen auch die mittelalterlichen Siedler, die das Anwesen in einen Eigenbetrieb des Klosters umwandelten. Zu Reformationszeiten war der Ammerhof eine Zufluchtsstätte der Tübinger Katholiken. Ein barockes Kleinod ist die vermutlich von Tiberius Moosbrugger geplante, 1736 vom Kloster Obermarchtal errichtete und 1807 profanierte *Ammerhofkapelle.* Sie besitzt Deckenbilder von Johann Anton Veeser und Stuckarbeiten des Wessobrunner Meisters Franz Xaver Schmuzer, dessen Dekoration wohl zwischen Rokoko und Klassizismus vermitteln sollte. Das Nordportal ist mit Säulen und Eckpilastern und halbkreisförmiger Freitreppe, darüber eine Rocaillekartusche, geschmückt. Baedeker nennt sie ein »kunsthistorisches Kleinod.«

Nun geht es geradeaus durch das Ammertal, wobei wir nach links immer einen prächtigen Blick zur Wurmlinger Kapelle haben (s. Tour 20). Wir ignorieren die rechts abgehenden Wege und fahren auch dort, wo der markierte Wanderweg rechts abgeht, nach links. Sanft ansteigend kommen wir zum Ortsrand von *Wurmlingen* 3.

Es geht durch das Wohngebiet, bis unser Weg auf die Durchgangsstraße trifft. Vor ihr biegen wir links ab und radeln kurz parallel zu ihr. Bald trifft er auf die Straße und wir folgen dem Radwegschild zu der auf der anderen Seite abgehenden Straße. Nach den Häusern biegen wir links, an der nächsten Querstraße rechts

Blick auf die Ausläufer des Schönbuchs bei Tübingen.

Bildstock und Sühnekreuz bei Wurmlingen.

ab. Nach etwas Anstieg kommen wir zur querenden Römerstraße, wo wir einen *Bildstock* 4 sehen.

Nun biegen wir rechts ab und rollen auf *Unterjesingen* zu. Vor den *Höfen*, die sich vor dem Ort befinden, nehmen wir an der Verzweigung den linken Weg in Richtung »Ammerbuch«. Er bringt uns nach *Pfäffingen*. Dort fahren wir geradeaus durch, erst in der Wurmlinger Straße, dann in der Langen Gasse. Nach links kann man einen Abstecher zur *Kirche* machen.

Pfäffingen 5 liegt in einer sehr früh besiedelten Gegend, wie man den hier gemachten Funden entnehmen kann: Jungsteinzeit (Siedlungsrest), Hallstattzeit (Grabhügel), Latènezeit (Scherben, Körpergräber und Schmuck), Bronzezeit (Scherben), Römerzeit (Baureste, Scherben), Alamannenzeit (Reihengräber). Bezeugt ist 1188 bis 1319 ein Adel, der sich nach dem Ort nannte und in Tübinger Diensten war. Außer dem Wasserschloss gab es noch zwei weitere Adelssitze. Die 1275 erstmals erwähnte Pfarrkirche *Michaelskirche* wurde 1711 unter Verwendung älterer Teile als Saalkirche erbaut. Das malerische kleine Kirchlein mit dem zierlichen Fachwerk-Türmchen, geschützt von einem mächtigen Baum, macht einen überaus heimeligen Eindruck. Sie ist ein Musterbeispiel altwürttembergischer Sakralbaukunst. Obwohl im Barock errichtet, wirkt sie eher wie ein gotisches Bauwerk. Sehenswert sind die Wandgemälde (überlebensgroße Apostelbilder), Altarfiguren und Altarkreuz (1460/1470), Rokokokanzel (1761), der Sakristei-Rundbau im Jugendstil von Martin Elsässer (1911) und die Renaissancegrabmäler der Herren von Gültlingen (16. Jh.).

Am *Bahnhof* biegen wir links ab und fahren in der Eisenbahnstraße entlang der Gleise. Vor einem *Gewerbeanwesen* geht es mit einem Links-rechts-Knick über einen Bach, dann

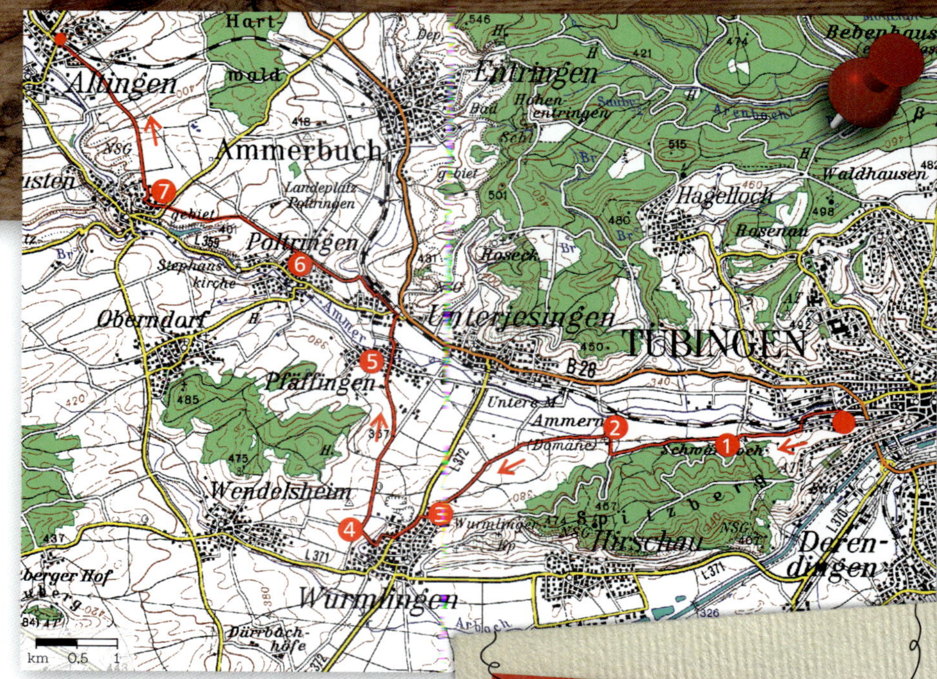

in derselben Richtung weiter. An einem Querweg biegen wir links ab.

Nun rollen wir am Ortsrand von *Poltringen* 6 (s. Tour 18) entlang und folgen der Straße auch nach dem Ort, bis an einer Verzweigung das Radwegschild nach links weist. Es bringt uns zur Landstraße vor *Reusten* 7 (s. Tour 18). Hinter ihr fahren wir geradeaus weiter in der Wolfsbergstraße, zweigen aber mit dem Radwegschild kurz danach rechts ab in die Straße »Auf den Beeten«.

Nun geht es zwischen Wiesen und Feldern und meist bergab nach *Altingen*. Wir fahren immer geradeaus bis zur *Bahnstation*.

Tipps für unterwegs

Schwärzlocher Hof in Tübingen (mit Blick aufs Ammertal): www.hofgut-schwaerzloch.de

Restaurant »Im Gärtle« in Ammerbuch-Entringen: www.imgaertle.de

Imkerei in Ammerbuch-Entringen: www.imkerlädle.de

Mühlenladen in Ammerbuch-Poltringen: www.muehleladen.de

Freibad in Entringen: www.ammerbuch.de

Bildnachweis

Alle Landschaftsfotografien von Dieter Buck:

Umschlag unter Verwendung folgender Bilder von: Sergiy Bykhunenko – Fotolia, Givaga – AdobeStock, picsfive – Fotolia, Alekss – Fotolia.

Innenteil unter Verwendung folgender Bilder von: Alekss – Fotolia, rdnzl – Fotolia, picsfive – Fotolia, euthymia – Fotolia, PhotoSG – Fotolia, photka – Fotolia, Kletr – Fotolia, Robert Neumann – Fotolia, Joachim Opelka – Fotolia, Cynoclub – Fotolia, Anatolii – Fotolia, Eric Issele – Fotolia, emer – Fotolia, doris oberfrank-list – Fotolia, juefraphoto – Fotolia, Oksana Tkachuk – Fotolia, fotomaster – Fotolia, designsstock – Fotolia, volff – Fotolia, Jessmine – Fotolia, Robert Eastman – Fotolia, cmnaumann – Fotolia, aleksandarfilip – Fotolia, rcfotostock – Fotolia, Teamarbeit – Fotolia, Joachim Neumann – Fotolia.

Register

Ebenfalls erhältlich ...

ISBN 978-3-86246-704-4

ISBN 978-3-86246-820-1

www.j-berg-verlag.de